Hellmuth Karasek



# Bertolt Brecht

*Vom Bürgerschreck zum Klassiker*

Durchgesehene
und überarbeitete
Neuausgabe

campe paperback

Die Erstausgabe erschien unter dem Titel
*Bertolt Brecht. Der jüngste Fall eines Theaterklassikers*
1978 im Kindler-Verlag, München

Die Deutsche Bibliothek – CIP-Einheitsaufnahme
Karasek, Hellmuth: Bertolt Brecht:
vom Bürgerschreck zum Klassiker / Hellmuth Karasek.
– 1. Aufl. – Hamburg: Hoffmann und Campe, 1995
(Campe-Paperback)
ISBN 3-455-10327-8


Redaktion: Hubertus Rabe
Umschlaggestaltung: Lo Breier/Kai Eichenauer
unter Verwendung eines Fotos der dpa
Satz: Dörlemann Satz, Lemförde
Druck und Bindung: Clausen & Bosse, Leck
Printed in Germany

# Inhalt

# *Einleitung*

## Der alte und der junge Brecht

»Unter die Menschen kam ich zu der Zeit des Aufruhrs
Und ich empörte mich mit ihnen«

*»An die Nachgeborenen«,* GBA XII, 86

Geschlossen, ohne Brüche, konsequent aus sich heraus entwickelt – so stellt sich uns das Werk Brechts dar. Wie kein anderes dramatisches Œuvre unseres Jahrhunderts bilden die Stücke, die Theatertheorie und die Theaterpraxis, wie sie Brecht von seinen Münchner Anfängen an entwickelt und in den Jahren der Theaterarbeit am Berliner Ensemble vervollkommnet hat, eine imposante Dreieinigkeit, der sich auch die Lyrik des Stückeschreibers, oft genug als Song und Ballade den Stücken eingearbeitet, zuordnen läßt und die auch von den epischen Werken flankierend begleitet wird.

Geschlossen, ohne Brüche, konsequent eins das andere bedingend – so erscheint uns auch die Beziehung zwischen Leben und Werk: Ein Autor, der so ganz seiner Sache diente, in ihr aufging, nicht indem er seine Arbeiten zu subjektiven Schöpfungen machte, sondern indem er sein Leben für die Arbeit versachlichte. So sehr versachlichte, daß wir da, wo wir Tagebücher erwartet hätten, mit einem »Arbeitsjournal« konfrontiert werden, das auch eigene Stimmungen, Empfindungen, Gefühle eigentlich nur in Hinblick auf deren versachlichende Verarbeitung für aufzeichnungswürdig, für vermerkenswert erachtete.

Von wenigen Ausnahmen abgesehen scheinen seine Stücke, scheint sein Werk für Konfessionen, Selbstanalysen, Selbstanklagen und Selbstrechtfertigungen keinen Platz zu haben. Lyrische Geständnisse und subjektive Stimmungen, die diesem Eindruck zu widersprechen scheinen, erweisen sich dem näheren Blick als zu »Rollengedichten« objektiviert, ja wo sich ein Subjekt scheinbar am ungeniertesten ausspricht, können wir leicht die Entdeckung machen, daß Brecht Vorhandenes parodiert – die vorgeblich romantischen Liebeslieder der »Dreigroschenoper« oder der Oper »Mahagonny« haben eine Funktion, die ihrem Inhalt korrigierend Hohn spricht.

Brecht, das scheint auch privat ein Autor der dritten Person zu sein: der Dramatiker, der sich als »Armer B. B.« oder in seinem Gedicht »An die Nachgeborenen« als Figur der Zeitgeschichte objektiviert. Und doch: sieht man sich diese Einheit Brecht, diese monolithische Geschlossenheit näher an, dann wird sie zur Zweiheit. Man merkt, daß es in den Köpfen der Nachgeborenen den einen Brecht gar nicht gibt, sondern mindestens zwei.

Der eine, das ist der Brecht der Schwabinger und Berliner Bohème; der Bürgerschreck und poète maudit der überschäumenden zwanziger Jahre; ein raubvogelgesichtiges Kraftgenie, das zur Gitarre Lieder zum besten gab, die Zigarre im Mund nie ausgehen ließ, schlecht rasiert war, sich in schwarzglänzendem Leder porträtieren ließ, die Schiebermütze auf dem Kopf. Das ist der Brecht, der Menschen an sich zog und verbrauchte, Frauen wie Freunde, ein Autor zwischen Wedekind und neuer Sachlichkeit, der das Oh-Mensch-Pathos des Expressionismus zynisch verhöhnte und zerstörte.

Der andere, das ist der Brecht der späten Jahre, ganz chinesischer Weiser und freundlicher Lehrer; ein Autor, der von seinem schlichten Arbeitszimmer in der Chausseestraße auf den Friedhof blickte, in den Tuschen des Konfuzius zu schreiben schien. Wenn dieser Brecht Menschen an sich zog, dann um sie freundlich zu unterweisen; statt zynisch abzuräumen, bediente er sich einer menschenfreundlichen List, die dazu diente, die Lehren seines Werks weiterzugeben.

Dem provokanten Proletkult-Look der zwanziger Jahre entspricht und widerspricht jetzt eine unauffällige Schlichtheit, halb mönchische Uniform, halb Arbeitsanzug eines Theater-Ingenieurs. An die Stelle der Bohème ist die geduldige Probenarbeit getreten, das Gespräch mit Freunden und Mitarbeitern, die Mußestunden mit dem Kriminalroman. Geblieben ist die Verfallenheit an das Theater, geblieben ist wohl auch die Liebe zu wechselnden Frauen – von der Brecht-Biograph Klaus Völker, bezogen auf den jungen Brecht, pikiert feststellt, daß sie den jungen B. B. die Mädchen öfter wechseln ließ als das Hemd. Jedenfalls sind es, davon abgesehen, zwei verschiedene Autoren – ein aufbrausend junger und ein verklärt alter –, die der späte Brecht imponierend mühsam zu dem einen Autor Brecht stilisiert hat. Die Nachwelt ist ihm dabei gefolgt.

Daß sich zwischen dem jungen Brecht und dem alten Brecht nicht etwa nur das wiederholt, was in der deutschen Geistesgeschichte als Weg des Stürmers und Drängers zum Klassiker bekannt ist, Goethe zum Beispiel, ist auch deshalb so, weil unserem Bewußtsein das »Zwischenstück« weitgehend fehlt. Brechts Biographie ist für uns unterbrochen wie die deutsche Geschichte unterbrochen ist. Die Jahre seiner Emigration sind uns abhanden gekommen, weil wir da zwar seine großen Stücke entstehen sehen, nicht aber den Kopf vor Augen haben, der sie schrieb. Auch aus den »Arbeitsjournalen« taucht er nicht auf, weil er sich da schon zu sehr zur dritten Person geworden war.

Verändert kehrt er aus der Emigration zurück, mußte seinen

Zeitgenossen als neue, als andere Person erscheinen, weil sich diese Veränderung kurz vor der Emigration angebahnt hatte – und sich danach (unter Ausschluß der Öffentlichkeit) konsequent fortsetzte. Brecht im Exil – das ist auch ein Theatermann ohne Theater. Dem Theater in Ostberlin lieferte er nach seiner Rückkehr ein fast abgeschlossenes dramatisches Lebenswerk.

Zudem brachte der späte Brecht dem frühen scheinbar ein Übermaß an Distanz entgegen – eine Distanz, die er seinem Werk mehr und mehr als konstituierendes Element einbaute. Diese Distanz hat er schriftlich in einem Text mit dem Titel »Bei Durchsicht meiner ersten Stücke« am stärksten fixiert, wobei der späte Brecht dem jungen Brecht befremdete Adjektive an den Kopf warf: so als gälte es, von einem weisen, abgeklärten Standpunkt aus, einen jungen Brausekopf zurechtzuweisen.

Die »Trommeln in der Nacht« sind das »zwieschlächtigste« Stück; Brecht sieht 1954, daß ihn sein »Widerspruchsgeist« von 1919 »dicht an die Grenze des Absurden herangeführt« habe; bei der Lektüre der »Trommeln« befällt ihn »eine solche Unzufriedenheit«, daß er erwog, »dieses Stück zu unterdrücken«. Vom »Baal« meinte Brecht selbstbezichtigend und warnend: »Dem Stück fehlt Weisheit.«[1] Wenn man sich vor Augen hält, was der junge Brecht von der Tugend der Weisheit hielt, nämlich nichts, ein Urteil, das nicht nur den jungen Brecht rückwirkend tadelt, sondern auch dem alten Brecht ein ebenso unfreundliches Urteil des jungen eingebracht hätte.

Dem »Dickicht der Städte«, dem er dabei noch die meisten rechtfertigenden Erklärungen widmete, rechnete er dennoch vor: »Die Dialektik des Stückes ist rein idealistischer Art«[2] – für den Brecht der fünfziger Jahre ein vernichtendes Votum. Mit seiner Bearbeitung von Marlowes »Leben

Eduards des Zweiten von England« konnte Brecht gar »nicht mehr viel anfangen«.[3] Und an die Lektüre des Lustspiels »Mann ist Mann« machte er sich »mit besonderen Befürchtungen«. Als Grund nennt er: »Auch hier hatte ich wieder einen sozial negativen Helden, der nicht ohne Sympathie behandelt war.«[4] Man ist versucht zu glauben, daß Brecht hier nicht nur über den Theaterhelden Galy Gay von 1928 urteilt, sondern auch über den armen B. B. des gleichen Jahres.

Erschrocken und fast wie von schlechtem Gewissen heimgesucht, stellt Brecht sich angesichts seiner fünf frühen Stücke die Fragen: »Wozu darauf zurückkommen? Warum nicht da reinen Tisch machen? Warum nicht von heute reden?«[5]

Und doch mag man diese Distanzierungen nicht für bare Münze nehmen, schon ihre sich mit weiser Gelassenheit tarnende Heftigkeit spricht dagegen. Brecht wollte sein anarchisches Frühwerk, so steht zu vermuten, in der Zeit des (nachlassenden) Stalinismus publizieren und da bedurfte es, wie vor allem die fragmentarische Vorrede »An die Sowjetleser« deutlich macht, der optimistischen Feststellung von einem neuen Zeitalter, das alte Probleme nicht mehr kennt. Selbst wenn man dies taktische Kalkül nicht überbewertet, spricht aus der späten Distanz eine nahezu verbotene Lust am eigenen Frühwerk. Verboten auch deshalb, weil Brecht, der das Wort »Veränderung« zu seiner Lieblingsvokabel gekürt hatte, hier erschrocken auf unveränderte, ja unveränderbare Züge und Gestalten seines Werks stieß. Lustvoll daher, weil er in den frühen Stücken (»gierige Reminiszenz an eine glücklichere dramatische Ära«[6], entschlüpft es ihm) sich dann doch so etwas wie eine gleichbleibende Identität zugesteht, wobei er Differenzen auf die großen historischen Umwälzungen abschieben kann.

Das heißt aber, daß die schweißtreibende Bemühung um Distanz, die mir als Grund dafür erscheint, ein neues, ein verfremdendes, ein distanzierendes und episches Theater erfinden zu müssen, Nähe anzeigt, indem sie Nähe ableugnet. Wenn Brecht seinen »Baal« in einem Fragment von 1930 »den bösen Baal, den asozialen« nennt, wenn er seinen Galilei zuerst versteht und dann verurteilt, wenn er seinem Bühnen-Mackie Messer einen Roman-Macheath hinterherschreibt, um nur ja auch die letzten Reste von Rebellen-Romantik zur Rettich-Kopf-Spießigkeit zu versachlichen, dann hat Brecht sein Werk damit der imponierend geschlossenen Theatertheorie angepaßt. Aber er hat dann gewiß auch Spuren der Beteiligung und Anteilnahme zu tilgen und verwischen gesucht, hat subjektiven Zügen ein objektives Antlitz angeschminkt, hat seine Geschöpfe zu Masken des Zeitalters stilisiert.

Dabei, soviel ist heute sicher, leben seine Dramen (wenn sie leben) nur aus dem Widerspruch zwischen ihrer Subjektivität (die Brecht hinter Fassaden des Allgemeinen zu verstecken trachtete) und ihrer Objektivität (die der Stückeschreiber als ihre einzige Rechtfertigung gelten lassen wollte).

# *Die Figuren*

# Baals Glücksverlangen

»Seid nur nicht so faul und so verweicht
Denn Genießen ist bei Gott nicht leicht!
Starke Glieder braucht man und Erfahrung auch:
Und mitunter stört ein dicker Bauch.«

*»Der Choral vom Manne Baal«,* GBA XI, 107

Kurz vor dem Abschluß der Arbeit am »Kaukasischen Kreidekreis« notierte Brecht in Santa Monica in seinem Arbeitsjournal mit registrierender Lakonik: »Die prozession der figuren wird länger. BAAL, GARGA, SHLINK, MAE GARGA, EDUARD, GAVESTON, KÖNIGIN ANNA, GALY GAY, BEGBICK, JOAN DARK, MAULER, WLASSOWA, CALLAS, IBERIN, JUDITH CALLAS, GALILEI, SHEN TE, SUN, DER WASSERVERKÄUFER, MUTTER COURAGE, DIE STUMME KATTRIN, PUNTILA, MATTI, UI, MALFI, DER HERZOG, SIMONE, GRUSCHE, DER AZDAK.«[1]

Diese Eintragung vom 22. Mai 1944 zeigt Brecht in einer Phase, in der seine immense dramatische Produktivität nicht nur mit dem Unverständnis Hollywoods für sein Werk kollidierte, sondern auch mit seiner Unfähigkeit, sich den neuen Bedingungen anzupassen. Für einen Autor, der in seiner Jugend am liebsten Western sah und eine lebenslange Vorliebe für Krimis hegte, immerhin erstaunlich.

Als ungespielter Autor mußte er seine Gestalten wenigstens in einer Art Prozession auf der Bühne seiner Imagination Revue passieren lassen: ein Dramatiker macht Bilanz, nachdem ihm die Bühne diese Bilanz verweigert. Und er macht sie, das scheint mir wichtig, mit Bühnenfiguren statt mit Stücken. Brechts Stücke, so sehr sie den Helden demontieren, sind Protagonistendramen; sie orientieren sich, bei aller

Neuartigkeit seiner Theaterform und seiner Dramaturgie, an dem Antagonismus eines einzelnen zur Welt und zur Gesellschaft, sie erzeugen ihre Spannung aus dem Verhältnis zweier Personen zueinander, so sehr sie auch diese Personen als Funktionen der Gesellschaft darstellen wollen. Zwar ist es aus der Biographie leicht zu begründen, warum Brecht den Reigen seiner Gestalten mit dem Baal eröffnet, denn der Baal ist tatsächlich die erste große Figurenfindung Brechts. Jedoch will es mir mehr denn als blanker Zufall scheinen, daß er die Prozession gerade in dem Augenblick mit Baal beginnen läßt, da »der Azdak« ihr Ende bildet (schon der Artikel deutet an, wie wichtig, ja paradigmatisch Brecht die Figur des anarchischen Richters und sozialrevolutionären Saufkopfs war).

Mit dem Baal hat Brecht, zwanzigjährig, eine Figur gefunden, die ihn, so sehr er sie später auch zu bändigen und sozial einzubinden suchte, sein Leben lang nicht mehr loslassen sollte. Merkwürdig genug: am Anfang und Ende der Prozession stehen mit Baal und Azdak die beiden Fleischwerdungen dieser Idee, die sie am kräftigsten und ungehemmtesten ausdrücken, wie Brecht sich auch bemühte, den Azdak aus der freien Wildbahn einzufangen und in ein sozial abgestecktes Gehege zu bringen.

Eine Figur und ein Thema, beide zwar untrennbar verbunden, aber doch zwei vitale selbständige Elemente der Brechtschen Dramatik. Die Figur, das ist der schmatzende, genußfreudige Egoist, der seinen vollen Bauch, seine Fleischeslust für das Maß aller Dinge erklärt, der, wenn sein Egoismus, sein Heißhunger auf Schnaps, Natur, Frauen mit der Umwelt zusammenstößt, sagt: um so schlimmer für die Umwelt. So ist Baal notwendigerweise eine tragische Figur, deren Forderungen in der Welt keinen Platz haben. Also vernichten die Forderungen entweder die Welt – Baal, der seine Geliebte ins Wasser oder zumindest in die Prostitution treibt, seine Freunde ruiniert – oder das Individuum: in der Tat geht Baal am Ende zugrunde. Als Brechts Welt- und Dramenbild für Tragik keinen Platz mehr bot, mußte er sowohl an der Figur wie an der Welt ein wenig herumdoktern. Ganz umbringen ließen sich die Ansprüche seiner Baal-Figur jedoch nicht.

Das Thema, will man es abstrakt von der Figur lösen, ist das unstillbare Glücksverlangen der Menschen, von dem (soviel läßt sich leicht behaupten) alle Stücke Brechts handeln. Daß dieses Thema Brecht ein Leben lang nicht losließ, bedarf angesichts seiner Stücke keines Beweises. Dennoch hat er diesen Beweis sehr nachdrücklich geliefert, wenn er im bereits erwähnten Text »Bei Durchsicht meiner ersten Stücke«, nachdem er Baals Verhalten als gerechtfertigte Reaktion auf eine asoziale Gesellschaft halbherzig verteidigt hat, fortfährt:

»Zwanzig Jahre nach der Niederschrift des ›Baal‹ bewegte mich ein Stoff (für eine Oper), der wieder mit dem Grundgedanken des ›Baal‹ zu tun hatte. Es gibt eine chinesische Figur, meist fingerlang, aus Holz geschnitzt und zu Tausenden auf den Markt geworfen, darstellend den kleinen dicken Gott des Glücks, der sich wohlig streckt. Dieser Gott sollte, von Osten kommend, nach einem großen Krieg in die zerstörten Städte einziehen und die Menschen dazu bewegen wollen, für ihr persönliches Glück und Wohlbefinden zu kämpfen. Er sammelt Jünger verschiedener Art und zieht sich die Verfolgung der Behörden auf den Hals, als einige von ihnen zu lehren anfangen, die Bauern müßten Boden bekommen, die Arbeiter die Fabriken übernehmen, die Arbeiter- und Bauernkinder die Schulen erobern. Er wird verhaftet und zum Tode verurteilt. Und nun probieren die Henker ihre Künste an dem kleinen Glücksgott aus.

Aber die Gifte, die man ihm reicht, schmecken ihm nur, der Kopf, den man ihm abhaut, wächst sofort nach, am Galgen vollführt er einen mit seiner Lustigkeit ansteckenden Tanz usw. usw. *Es ist unmöglich, das Glücksverlangen der Menschen ganz zu töten.*«[2]

Die Oper, die Brecht hier ankündigt, blieb Fragment. Einige Lieder, für das Werk geplant, wurden veröffentlicht. Sie sprechen, ganz wie die Lieder und Choräle des »Baal«, von der Diesseitigkeit und vorgeblichen Niedrigkeit des Glücksverlangens: »Ich bin der Gott der Niedrigkeit / der Gaumen und der Hoden / Denn das Glück liegt nun einmal, tut mir leid / ziemlich niedrig am Boden.«[3]

Warum Brecht diese Oper nicht zu Ende schrieb, läßt sich nur mutmaßen. Doch zeigt die Entwicklung seiner Stücke und Figuren nach dem »Baal«, daß er immer stärker versuchte, ein anarchisches, asoziales Glücksverlangen zu sozialisieren. Dabei gab er nie die Einsicht auf, die seinen Baal das Glück vom Jenseits ins Diesseits holen ließ, um es aus unerreichbaren Fernen in niedrige Nähe zu bringen. Doch ist das »Diesseits« nur die eine Bedingung für reales Glücksverlangen, die andere Bedingung heißt »Heute« statt »Morgen«. Dieses Heute jedoch konnte Brecht seinem kleinen Glücksgott auch auf sozialistischer Erde nicht einräumen. Baal mußte der böse Baal, der asoziale bleiben.

Der Zusammenstoß zwischen diesem Glücksverlangen und einer Gesellschaft, die darauf aus ist, das Glücksverlangen zu unterdrücken, ist eines der Hauptthemen von Brechts Stükken. In »Mahagonny«, wo man dürfen darf, wird das große, erbarmungslose Geschäft mit dem Glücksverlangen betrieben. Im ›Wirtshaus zum Kelch‹ des »Schweyk« hat dieses Glücksverlangen eine kleine bescheidene Stätte; von dort durch die Kriegslust der Großen vertrieben, ruht es nicht eher, als bis es zu dieser Ruhe zurückfindet: Zeiten, die dazu einen blutigen Umweg über Stalingrad nötig machen, sind barbarische, finstere Zeiten.

Doch Brecht, der dem Glücksverlangen, in den jeweiligen Figuren verkörpert, jede List zubilligte, damit es sich behaupten könne, merkte mehr und mehr, daß dieses anarchische Verlangen zwar gut genug war, um sich als Stein in den Weg der geforderten Tugenden rollen zu lassen, daß es sich aber auch ausbeuten, mißbrauchen ließ. So kritisiert er die Kurzsichtigkeit des menschlichen Glücksverlangens in der »Courage« und verurteilt es im »Galilei«.

Und er mußte weiter erkennen, daß das Glücksverlangen im Sozialismus als Versprechen in die Zukunft vertragt zu werden hat – das, was er im Kapitalismus als Vertröstung auf den St. Nimmerleinstag mit Hohn und Spott übergoß.

In den »Flüchtlingsgesprächen«, in denen (auch) darüber ein Diskurs veranstaltet wird, daß die sogenannten »großen Zeiten« dem kleinen Glücksverlangen heroische und unmenschliche Anstrengungen abverlangen, werden die Tugenden aus diesem Grund verworfen: »Über dem ganzen Kontinent nehmen die Heldentaten zu, die Leistungen des gemeinen Mannes werden immer gigantischer, jeden Tag wird eine neue Tugend erfunden. Damit man zu einem Sack Mehl kommt, braucht man eine Energie, mit der man früher den Boden einer ganzen Provinz hätt urbar machen können.«[4]

Und Ziffel, der Intellektuelle, folgert daraus: »Wir brauchen eine Welt, in der man mit einem Minimum an Intelligenz, Mut, Vaterlandsliebe, Ehrgefühl, Gerechtigkeitssinn und so weiter auskommt, und was haben wir? Ich sage Ihnen, ich habe es satt, tugendhaft zu sein, weil nichts klappt, entsagungsvoll, weil ein unnötiger Mangel herrscht, fleißig wie eine Biene, weil es an Organisation fehlt, tapfer, weil mein Regime mich in Kriege verwickelt. Kalle, Mensch, Freund, ich habe alle Tugenden satt und weigere mich, ein Held zu werden.«[5]

Kurz darauf, als Quintessenz der »Flüchtlingsgespräche«, fordert Kalle, der Arbeiter, seinen Gesprächspartner Ziffel auf, mit ihm auf das Wohl des Sozialismus anzustoßen: »Gleichzeitig mach ich Sie darauf aufmerksam, daß für dieses Ziel allerhand nötig sein wird. Nämlich die äußerste Tapferkeit, der tiefste Freiheitsdurst, die größte Selbstlosigkeit und der größte Egoismus.«[6]

Credo quia absurdum.

Es ist nicht so, daß Brecht nun, da er den Heroismus endgültig über das Glücksverlangen zu stellen genötigt war, ihm nicht noch einmal einen Widerspruch gegen die heroischen Anforderungen des sozialistischen Staats zugebilligt hätte. Nach dem 17. Juni, als die Bauarbeiter, bewegt durch dieses Glücksverlangen, auf die Straße gegangen waren, hat er es noch einmal in der scheinbar einverstandenen Sprache des Schweyk artikuliert, in dem Gedicht »Die Lösung«:

»Nach dem Aufstand des 17. Juni
Ließ der Sekretär des Schriftstellerverbands
In der Stalinallee Flugblätter verteilen
Auf denen zu lesen war, daß das Volk
Das Vertrauen der Regierung verscherzt habe
Und es nur durch verdoppelte Arbeit
Zurückerobern könne. Wäre es da
Nicht doch einfacher, die Regierung
Löste das Volk auf und
Wählte ein anderes?«[7]

Brecht hat seinen Baal, die Verkörperung des Glücksverlangens, immer mehr angepaßt und zurechtgestutzt, bis aus der anarchischen Figur fast ein harmlos dicker Weihnachtsmann geworden war. Wo er seine ursprünglichen Züge noch am stärksten bewahrt hat, als Richter Azdak im »Kaukasischen Kreidekreis«, da darf er zwar »angetrunken« auftreten und seine Verhandlung fast führen, als sei er ein den kleinen Leuten zugewandter Dorfrichter Adam. Aber das Stück erlaubt ihm nur, indirekt (in Anführungszeichen) zu erscheinen, als Zitat von Weihnachtsmärchenfiguren zweier Kolchosen, die sich, selbstlos, versteht sich, um ein Tal streiten und zur Krönung des Streits ein Theaterstück aus alten Zeiten aufführen, in dem auch Azdak vorkommen darf.

Natürlich läßt sich das auf eine Formfrage des epischen Theaters reduzieren: Brecht wollte für den »Kaukasischen Kreidekreis« die Gesten eines herbeizitierten Laientheaters einsetzen, um eine neue Einfachheit erreichen und rechtfertigen zu können. Nur schade, daß damit zwangsläufig der letzte Rest von anarchischer Baal-Wildheit zum Bild im Bild, zur Puppe in der Puppe verniedlicht wurde.

Noch die gezähmten, in Fortschritt und Wohlverhalten eingehüllten Reste Baals sind es, die das heutige Theater am ehesten interessieren: »Es überleben gerade die Figuren des Brechtschen Theaters, denen Brecht den historischen Untergang prophezeit hat: der Saufbold Puntila, der Egozentriker Sun, der Chaot Azdak. In ihnen hat Brecht seinen Widerstand formuliert gegen die eigenen, allzu glatten Lösungsmodelle. Die Azdak-Geschichte ist in all diesen Stücken die schönste: Ein Traumtänzer und Wirrkopf führt das gute Ende herbei, nicht das organisierte Proletariat. Die Unbelehrbaren sind die heimlichen Helden der Lehrstücke geworden. Baal, der heilige, unheilige Egoist, hat, mindestens auf Brechts Theater, den neuen, von Eigennutz geheilten und gereinigten Menschen überdauert. Der Bürger Brecht und der Antibürger haben den sozialistischen Stük-

keschreiber überlebt. Der ist wohl auch nie etwas anderes gewesen als eine mit unsäglichen Mühen erstellte fiktive Figur – von allen Konstruktionen Brechts die großartigste und vergeblichste«, so schrieb Benjamin Henrichs nach dem Besuch von vier Brecht-Inszenierungen.[8] Dem Arbeitsjournal kann man zuweilen entnehmen, und auch da meist nur auf andere reflektiert, wie schwer die Konstruktion der Kunstfigur dem Stückeschreiber gewesen sein muß, wenn Brecht von seinem Mitarbeiter, dem Komponisten Eisler 1953 notiert: »Viel mit eisler zusammen, seine produktionskrise dauert an ... schreibt einen brief an das ZK, in dem er seine westberliner eskapade bedauert – er hatte sich am zoo betrunken, war in einen streit mit einem taxischofför geraten und festgenommen worden – und zugleich dartut, wie ihm durch schikanen jeder impuls zum komponieren abhanden gekommen war. er trinkt keinen tropfen, nimmt antabuspillen und ist so unruhig, daß er bei jedem klingeln zur tür rennt, zu sehen, was für ein besucher kommt.«[9]
Etwa einen Monat darauf beginnt Brecht am Berliner Ensemble mit den Proben zum »Kaukasischen Kreidekreis«. Das Theater hatte ihn wieder.

## Die Wurzeln des »Baal«

»Groß ist nicht alles, was ein großer Mann tut
Und Galilei aß gern gut.«

*»Leben des Galilei«*, GBA V, 201

Die spätere (halb entschuldigende, halb verteidigende) Rechtfertigung Baals benutzt das Hokus-Pokus-Wort aller Marxisten, das Wort »dialektisch«. Brecht schreibt: »Das Stück ›Baal‹ mag denen, die nicht gelernt haben, dialektisch zu denken, allerhand Schwierigkeiten bereiten. Sie werden darin kaum etwas anderes als die Verherrlichung nackter Ichsucht erblicken. Jedoch setzt sich hier ein ›Ich‹ gegen die Zumutungen und Entmutigungen einer Welt, die nicht eine ausnutzbare, sondern nur eine ausbeutbare Produktivität anerkennt. Es ist nicht zu sagen, wie Baal sich zu einer Verwertung seiner Talente stellen würde; er wehrt sich gegen ihre Verwurstung. Die Lebenskunst Baals teilt das Geschick aller andern Künste im Kapitalismus: sie wird befehdet. Er ist asozial, aber in einer asozialen Gesellschaft.«[10]

Die dialektischen Volten zwischen »Verwertung« und »Verwurstung« wollen einem angesichts des »Baal«-Textes nicht wirklich einleuchten. Denn »Baal« hat in Wahrheit nur eine einzige Szene, nämlich die erste, in der Baal einer verwurstenden, sprich: kapitalistischen Welt ausgesetzt und mit ihr konfrontiert wird. Baal ist hier beim Großkaufmann Mech eingeladen, der ihn, vom Kritiker Piller und vom Direktor Pschierer (er gibt sich als Entdecker des Dichters Baal) dazu angeregt, fördern und seine Werke herausgeben will.

Brecht hat mit dieser Szene gleichzeitig eine Satire auf den bürgerlichen Kulturbetrieb und dessen kaufmännische Kalkül geschrieben. Der bürgerliche Kulturbetrieb versucht sich das ungebärdige Genie auf einer Soiree einzuverleiben und auf diese Weise die antibürgerlichen Antriebe durch Umarmung des Antibourgeois zu entschärfen. Dabei kann derjenige, der sich, wie Mech, als Mäzen aufspielt, auch noch damit rechnen, daß sich das Mäzenatentum kaufmännisch auszahlt: Der Kaufmann »verwurstet« wie der Entdecker und der Kritiker den Künstler. Brecht zeigt hier, wie sich der Asoziale diesem sozial getarnten, im Grunde ebenso asozialen Verwertungsprozeß widersetzt: er besäuft sich, macht sich zudem noch handgreiflich an die Hausfrau ran, so daß er aus der Gesellschaft herausgeschmissen wird.
In allen anderen Szenen des Stücks jedoch trifft die sogenannte Ichsucht Baals, sein blanker Egoismus und seine Gier, nicht auf eine antagonistische Gesellschaft, sondern bestenfalls auf deren Opfer, die noch Baals Opfer werden – zumeist nur deshalb, weil sie schwächer als Baal sind, sich Gefühle leisten, weil sie der unbedingten und momentanen Genußsucht Baals mit nur bedingten Gefühlen antworten oder aber unbedingt wollen, wo Baal nicht mehr will.
Auf den Antagonismus zwischen dem einzelnen und der Gesellschaft läßt sich das beim besten Willen nicht reduzieren. Und das aus mehreren Gründen.
Einmal ist »Baal«, auch wenn es den expressionistischen Vorwand – Johsts Grabbe-Stück »Der Einsame« – parodistisch überwindet, selbst stark durch den Expressionismus geprägt: seine lyrisch aufgeteilten Aufschwünge leben eher von dem schmerzhaft empfundenen Gegensatz Mensch–Natur, den Baal lebend und schmatzend überwinden will, als von dem Gegensatz Mensch–Gesellschaft. Am 21. März 1942 notierte Brecht mit einem gewissen Erstaunen: »Die

›natur‹ spiegelt sich merkwürdig in meinen arbeiten, in BAAL ist landschaft und sexualität dem großen asozialen ausgeliefert.«[11] Natur und Sexualität jedoch werden im »Baal« nicht (oder: noch nicht) als Funktionen der Gesellschaft gesehen. Ihr Verhältnis zum Menschen ist ursprünglich, das heißt: unvermittelt antagonistisch.
Zum zweiten hat Brecht, allen nachträglichen einebnenden Deutungen zum Trotz, den »Baal« nicht nach einem parabolischen Plan verfaßt, bei dem jede Szene beispielhaft das Ganze beleuchtet und erklärt. Die Szenen des »Baal« sind in sich widersprüchlich und vieldeutig.
In der dreizehnten Szene (›Hölzerne braune Diele. Nacht. Wind‹), die ihr literarisches Vorbild, die Wirtshausszenen aus Büchners »Woyzeck«, ebensowenig verleugnen kann wie die Nähe zu den spukhaft spökenkiekerischen Trunkenheitsszenen des Expressionisten Ernst Barlach, sagt der Bettler – und er sagt es, wie mir scheint, stellvertretend für den jungen Autor: »Nichts versteht man. Aber manches fühlt man. Geschichten, die man versteht, sind nur schlecht erzählt.«[12] Sätze, so darf man füglich annehmen, die dem späteren Brecht der klaren Fabeln und einsichtigen Parabeln ein Graus gewesen sein müßten.
Nein: die Absicht, die Brecht mit dem »Baal« verfolgte, deckt sich nur sehr unvollkommen mit der später zudeckelnden Erklärung von der Ichsucht in einer ichsüchtigen Welt. Die Wurzeln dieser erdverhafteten Gestalt sind woanders zu suchen.
Zum ersten ist Brechts scheinbar so ursprüngliche, vitale, dem Leben direkt entnommene, alles Herkommen sprengende Figur (die ersten Aufführungen provozierten allesamt heftige Theaterskandale) geradezu das Musterbeispiel einer Papier-Gestalt: weil sie nämlich »nur« eine vorhandene Gestalt, eben Johsts Grabbe-Figur parodistisch, also

literarisch verwertet. (Der Einwand, daß Parodien ihren Anlaß oft »überleben«, ist bekannt. Wie Don Quichotte den Rotterroman hat auch Brechts Baal Johsts Grabbe mühelos überdauert.) Brecht, der sein Werk lang ein großer Parodist und zurechtrückender Verwerter vorgegebener Texte blieb, hat dennoch zeitweilig als Schwäche empfunden, daß das Theaterblut seines Baal aus der Tinte eines anderen Dramatikers gesogen war. 1920, bei der Arbeit an den »Trommeln in der Nacht« notierte er hochgemut für die Arbeit (obwohl auch sie eine Parodie ist, eine auf die Gattung des Heimkehrer-Dramas): »... diesmal ganz anders als bei Baal, den ich gründlich verpfuscht habe, wie ich jetzt einsehe. Er ist zu Papier geworden, verakademisiert, glatt, rasiert und mit Badehosen usw. Anstatt erdiger, unbedenklicher, frecher, einfältiger. Jetzt mache ich nur mehr feurige Dreckklöße.«[13] Baal, so darf ein Nachgeborener besserwisserisch einwerfen, blieb dennoch Brechts feurigster Dreckkloß.

1925, als Brecht in einer Tagebucheintragung berufliche Skrupel festhielt (»Ich schwanke sehr, mich der Literatur zu verschreiben.«) und meinte, er habe bisher alles nur mit der linken Hand gemacht, zudem nur, wenn ihm was eingefallen sei oder ihn die Langeweile geplagt habe, betonte der Siebenundzwanzigjährige nur den parodistischen Zweck des Stücks: »›Baal‹, das entstand, um ein schwaches Erfolgsstück in den Grund zu bohren mit einer lächerlichen Auffassung des Genies und des Amoralen.«[14] Hier, immerhin, wird eine andere, lebenslang nährende Wurzel des Brechtschen Œuvres sichtbar: die der Literatur als korrigierende Literaturkritik. In diesem Sinn war Brecht ein Erbe Lessings, da er wie dieser aus seinen literarischen Fehden Literatur machte.

»Baal« also nur eine parodierende Antwort auf Johsts »Einsamen«, den er vom Kopf auf die Füße stellte, dessen Idealismus er materialistisch konterkarierte? Keineswegs. Denn »Baal« ist, zweitens, das Jugenddrama eines Autors, der seine eigenen Stimmungen und Gefühle, eigene Erfahrungen und eigenes Ungenügen an der ihn umgebenden engen Bürgerwelt Augsburgs ausdrücken will. Schon die Szenerie ist eindeutig dem Augsburg seiner Jugend entnommen. Wie der junge Brecht spielt Baal zur Klampfe. Daß im »Baal« eine Wirtin keifend ihrem Untermieter kündigt, weil der es zuviel mit Mädchen hat, ist auch Pennäler- und Studentenerfahrung des jungen Brecht. Und wenn die Germanistik vergangener Zeiten mit einer gewissen Vorliebe in der Literatur oft Objektivierungen subjektiver Schuldgefühle erblickt (das gilt von Goethes Gretchen bis zu Horváths verlassenen und geschundenen Mädchen), so mag man für Baals verlassene Freunde und Bräute Ähnliches konstatieren. Der rechte Kritiker Paul Fechter hat dies 1926, anläßlich der Matinee-Aufführung der Jungen Bühne in Berlin, getan: »Der Held dieser vierzehn Bilder ist ein Gemisch – halb Selbstporträt des Autors, halb Objekt, an dem er seinen Haß gegen die eigene arme Seele und gegen das eigene Tun auswirkt.«[15]

Brecht gibt darauf, daß der »Baal« ein Selbstporträt sei, keine direkten Hinweise. Vielleicht darf man einer Eintragung vom 1. September 1920 so etwas wie einen Wink entnehmen, wenn es da heißt: »Sie sagen von David: Er wäscht sich wenig. Und von Baal, in der letzten Zeit: Er ist verliebt in den Schmutzfinken.«[16] Einen Wink deshalb, weil die Waschabneigung mit dem anekdotisch autobiographischen Gedicht »Vom Kind, das sich nicht waschen wollte« korrespondiert.

Was die Nähe Baals zu seinem Autor anlangt, gibt es eher eine bezeichnende Verschleierung. Brecht schreibt später, 1926, »die dramatische Biographie ›Baal‹ behandelt das Le-

ben eines Mannes, der wirklich gelebt hat«. Brecht berichtet dann von einem »Josef K.« (kein Zufall, daß er wie Kafkas Held heißt), dem ledigen Kind einer Waschfrau, der früh in einen »üblen Ruf« geriet. Durch unbedenklichen Lebenswandel sei dieser Josef K. immer tiefer gesunken, bis er Augsburg habe verlassen müssen, nach einer Messerstecherei, bei der sein Freund ums Leben gekommen sei. »Er verschwand jedenfalls daraufhin fluchtartig aus A. und soll im Schwarzwald elend verstorben sein.«[17] Zwei Jahre später rückte Brecht, weil man ihn immer wieder nach dem Ursprung des Baal fragte, die Figur noch einmal energisch weg: »... ich habe ihn auch nicht selber kennengelernt, sondern über ihn nur Freunde erzählen hören.«[18]
Brecht hat diesen Monteur Josef K., dessen »wirkliche Geschichte« das Stück darzustellen vorgab, weil sein Autor die Leute nicht mit »Hirngespinsten« abspeisen wollte, in Wahrheit erfunden – nicht nur der Schwarzwald, aus dem Brecht im Mutterschoß kam (»Vom armen B. B.«) und in den sich Josef K. verendend zurückzieht, gleichsam zurück in den Mutterleib der Erde kriechend, ist dafür ein deutliches Indiz.
Aber er hat ihn nicht erfunden, so glaube ich, um zu verschleiern, daß das eigentliche Vorbild für den Baal das Leben Paul Verlaines sei, wie Klaus Völker vermutet. Vielleicht wollte der junge Brecht unbewußt auch die homoerotische Komponente des Baal von sich schieben. Sie ist unabweislich, besonders dann, wenn man sich daran erinnert, daß sie drei der fünf frühen Stücke bestimmt: neben »Baal« das »Dickicht der Städte« und das »Leben Eduards des Zweiten«.
Mir scheint, daß mit Baal eine Camouflage vorgenommen wurde, die typisch für Brechts Verhältnis zu seinen Figuren ist. In seinen Dramen wollte er weder etwas »erfunden«

noch etwas «Erlebtes« verarbeitet haben. Denn schon der junge Brecht strebte nach Objektivierung, die nachvollziehendes Mitleiden mit Erlebtem ebenso ausschloß wie das Waten im Erfühlten. »Einen großen Fehler sonstiger Kunst hoffe ich im ›Baal‹ und ›Dickicht‹ vermieden zu haben: ihre Bemühung mitzureißen. Instinktiv lasse ich hier Abstände und sorge, daß meine Effekte (poetischer und philosophischer Art) auf die Bühne begrenzt bleiben.«[19] – so Brecht im Februar 1922.

Die Distanz zwischen sich und seinen Figuren ist geschaffen. Sie sollte sich zu der einen großen Theatertheorie Brechts auswachsen, die es uns wie von selbst verbietet, auch danach zu fragen, wieviel Autobiographie in die Brechtschen Helden eingeflossen sei, welche Züge Maulers, Galileis, Schweyks, Ziffels und Kalles denn nun auch Züge des Menschen Brecht seien. Brecht versuchte, sein Werk zu objektivieren, indem er jeden Zufall ausschloß. Und doch hat Klaus Völker den Finger auf die Wunde eines lebenslangen Widerspruchs gelegt, wenn er zum »Baal« schreibt: »In der Figur des Baal war so viel Subjektivität enthalten, daß Brecht zeit seines Lebens von ihr fasziniert blieb.«[20]

Als der Autor Martin Sperr und der Regisseur Hans Neuenfels den »Baal« aus seinen verschiedenen Fassungen für die »Hamburger Theater im Zimmer«-Aufführung bearbeiteten, sprachen sie zwar von einer »Parabel«. Gleichzeitig aber verrieten sie, daß sie mitgerissen waren von einem Lebensgefühl: »Für unsere Bearbeitung verwendeten wir alle vier Fassungen. Wir stellten eine Szenenfolge her, wie sie keine der vier Fassungen bildet. In verschiedenen Szenen übernahmen wir Bestandteile der Parallelszenen: aus einer Fassung, aus mehreren oder allen vier Fassungen. Verschiedene Szenen setzten wir mit Texten sich nicht entsprechender Szenen zusammen: aus einer Fassung, aus mehreren oder allen vier Fassungen. Die Szenenfolge teilten wir in zwei Abschnitte. […] Wir entdeckten ›Baal‹ als eine Parabel von der ewig-plötzlichen Sehnsucht: Trampen, Gedichte, Skandal, Trunkenheit, Besoffensein, Mädchen, Ruhm, Freundschaft. Wir meinten, daß Glück eine Veränderung bedeute, für die wir letzten Endes selbst die Katastrophe hinnehmen, den Schmerz, die Vergewaltigung, die Ernüchterung, das Versagen, das Unglück sowohl für den, der sie auslöst, Baal oder wir, als auch für die, die die Katastrophe erfahren, wir oder die andern. […] ›Baal‹: ein demonstratives Durchmessen einer Kraft, die man zeigen muß, um sie zu gewinnen, und die es zu verlieren gilt, um sie wiederzuerhalten: die Parabel von der ewig-plötzlichen Sehnsucht, die beweist, daß das Pralle abmagern muß, auf daß es sehnig wird und bleibt.«[21]

Dieser Auffassung, so hätte Brecht wohl gemeint, fehlt Weisheit.

## Mackie Messer

»Es ist ganz falsch [...], sich zu fragen, ob man ein Mädchen ihres Geldes wegen oder ihrer selbst wegen heiratet. Das fällt oft zusammen. Es gibt wenig Dinge an einem Mädchen, die einen Mann sinnlich so reizen wie ein Vermögen.«

*»Dreigroschenroman«,* GBA XVI, 33

Die populärste Figur Brechts ist der Räuber Macheath, genannt Mackie Messer; das populärste Werk Brechts ist »Die Dreigroschenoper«; der populärste Song Brechts (und Weills) ist die Moritat von Mackie Messer.

Ironischerweise scheint Brechts populärste Figur am wenigsten von Brecht zu sein, sein populärstes Werk ist das am hastigsten und flüchtigsten entstandene, dazu mehr die Geburt eines Zufalls als die einer Absicht, außerdem das Stück, das Brecht erstmals und gründlich den (ungerechtfertigten) Ruf eines Plagiators eintrug und, zu allem Überfluß, das Stück, das, allem theoretischen Schweiß zum Trotz; den Brecht nachträglich auf das Werk verwandte, sich von seinen Theaterintentionen in der Bühnenpraxis am meisten befreit hat. Der populärste Song schließlich, die Mackie-Messer-Moritat, wurde sozusagen erst in letzter Minute dem Werk eingefügt; er hatte eine eher zufällig motivierte Funktion: mit ihm sollte der Eitelkeit des ersten Mackie-Messer-Darstellers entgegengewirkt werden. Harald Paulsen nämlich hatte auf einer himmelblauen Krawatte bestanden, und Brecht, der gegen diesen Kostümwunsch zuerst losbrüllte, verfiel auf die List der Moritat: »Lassen wir ihn so süß und charmant. Weill und ich führen ihn durch eine Moritat ein, die seine grausigen Schandtaten besingt, um so unheimlicher wirkt er mit seiner hellblauen Schleife.«[22]

Aber nicht genug, daß der Song seinen Ursprung einer üblichen Theater-Anekdote verdankt – die Moritat, die für denjenigen, der sonst nichts von Brecht kennt, als Eindruck des Brecht-Songs und des Brecht-Theaters herhalten muß, diese Moritat ist im Stück nicht anti-illusionistisch von der Handlung abgehoben, diese unterbrechend, sondern illusionistisch in die Handlung eingebaut.

Brecht stand der »Dreigroschenoper«, seinem größten Bühnenerfolg, sein Leben lang zwiespältig gegenüber. Einerseits (und dies wird besonders in der Emigration verständlich) hat er sich aus Gründen des Überlebens und der Popularität um Aufführungen bemüht und war beispielsweise auf den Komponisten Weill böse, weil dieser Schwierigkeiten mit den Rechten machte, als eine schwarze Truppe die »Dreigroschenoper« in New York à la »Porgy and Bess« aufführen wollte. Andererseits war ihm auch stets klar, daß die Popularität seines Werks auf der Bühne seinen Theaterabsichten eher schaden als nützen würde. So bedauerte er schon 1931 in den »Anmerkungen zur ›Dreigroschenoper‹«: »Die Notwendigkeit, die neue Dramatik richtig zu spielen – wichtiger für das Theater als für die Dramatik –, wird dadurch abgeschwächt, daß das Theater *alles* spielen kann: es ›theatert‹ alles ›ein‹.«[23]

Als »Die Dreigroschenoper« 1930/31 verfilmt werden sollte, schrieb Brecht, um der kulinarischen »Eintheaterung« entgegenzuwirken, ein neues, klassenkämpferisches Szenarium unter dem Titel »Die Beule«. Aber obwohl er um seine Rechte als Autor mit der Filmgesellschaft prozessierte, konnte er seine Intentionen nicht durchsetzen.

1940 notiert er mißmutig in seinem Arbeitsjournal: »Auch mir wird man sagen, ich wiederholte mich nur. Denn man will solche Dinge wie die DREIGROSCHENOPER nur als originellen Einzelfall.«[24] Und im September 1945 wettert er im kalifornischen Exil gar: »wir hören, daß in berlin die DREIGROSCHENOPER aufgeführt wurde, vor vollen Häusern; dann abgesetzt werden mußte, auf betreiben der russen. die BBC (london) habe als protestgrund die ballade ›erst kommt das fressen, dann kommt die moral‹ angeführt. ich selbst hätte das stück nicht aufführen lassen. in abwesenheit einer revolutionären bewegung wird die ›message‹ purer anarchismus.«[25]

Aus Zufall entstanden, eher flüchtig als gründlich konzipiert und in der Wirkung unberechenbar: Die Figur des Mackie Messer und »Die Dreigroschenoper« (die ursprünglich »Gesindel« heißen sollte) sind Brechts populärste Hervorbringung. Lassen wir einen der besten Gründe, die Musik Kurt Weills, einmal beiseite, dann lassen sich für das Werk und für die Figur des Mac als Gründe anführen:

Erstens: die Wahl der Vorlage und ihre Veränderung. Zweitens: die Umfunktionierung und Umkehrung herkömmlicher Seh- und Betrachtungsweisen. Drittens: das organische Einbringen einer neuen Song-Form in das Theater. Und, daraus resultierend, viertens: die Verwendung einer neuen Bühnensprache, die zitiert, montiert, parodiert und kommentiert – und dabei doch ganz und gar unmittelbar ist.

Brechts Mitarbeiterin Elisabeth Hauptmann war 1927 auf die »Beggar's Opera« des John Gay (Musik: Pepusch) aufmerksam geworden, die 1920 in London neuaufgeführt und mit jahrelangem Erfolg gelaufen war. Sie übersetzte sie für Brecht, der sich rasch für den Stoff, eine mit Swiftschem Esprit geschriebene Satire auf die korrupten Zustände im England des 18. Jahrhunderts, interessierte.

Brecht behielt Handlung und satirische Zielsetzung des Gayschen Plots weitgehend bei und adaptierte auch dessen

Opernpersonal. Er nahm jedoch eine zeitliche Korrektur vor: hatte Gay den verderbten Adel seiner Zeit im Visier gehabt, so transponierte Brecht das Stück nicht in seine Gegenwart, sondern ins viktorianische England.
Das war ein glücklicher Griff – und ein für Brecht typischer zudem. Denn wie in den meisten seiner späteren Stücke, suchte er auch in der »Dreigroschenoper« Kritik und Auseinandersetzung mit der Gegenwart. Der parabolischen Deutlichkeit willen jedoch wählte er dazu eine zeitliche Distanz – wie etwa später in der »Courage« oder im »Galilei«. (In anderen Stücken, etwa in »Der gute Mensch von Sezuan«, wählte er eine geographische Distanz.)
Mit dem viktorianischen London brachte Brecht den hemmungslosen Kolonial-Kapitalismus in sein Stück ein – und was noch wichtiger war, die Doppelmoral des Bürgertums.
Diese Doppelmoral (sie ist am deutlichsten im Bettlerkönig Peachum inkarniert) erlaubte ihm einen klugen und raffinierten Kunstgriff zwiefacher Art: er konnte den Räuber zu einem Bürger umformen; das Gangstergewerbe avancierte zu einer Abart des Unternehmertums. Gleichzeitig jedoch konnte er durch die Form der Opernparodie dem Zuschauer klarmachen, daß der Räuber als Bürger in den Augen der Bürger als romantische Figur gesehen wird. Er wird so gesehen, weil der Bürger, sähe er ihn als seinesgleichen, sich folgerichtig auch als Räuber sehen müßte, und weil der Bürger, den Verklemmungen seiner Doppelmoral verhaftet, eine uneingestandene Sehnsucht nach der Welt des Räubers hat, die er sich beispielsweise in der Kunstform der Moritat zugesteht.
Brecht hat, was die Verklemmungen und Frustrationen der Doppelmoral angeht (die er, dabei wohl Max Weber folgend, für die Triebfedern des angelsächsischen Kapitalismus und seiner Bigotterie hält), Peachums verbitterte Verzweiflung in

den »Anmerkungen zur ›Dreigroschenoper‹«, und im »Dreigroschenroman« genauer gezeichnet, als dies ein Theatertext (ohne eine ihn voll ausschöpfende Regie) kann.
Brechts Einfall, den Räuber zum Bürger zu machen, um den Bürger als Räuber erscheinen zu lassen, mag, wie die oben erwähnte Anekdote um die Krawatte von Harald Paulsen belegt, sich erst nachträglich der hastigen Bearbeitung mitgeteilt haben. 1931 jedenfalls, in der Charakteristik seines Macheath, steht die Idee in aller theoretischen Schärfe da: »*Der Räuber Macheath* ist vom Schauspieler darzustellen als bürgerliche Erscheinung. Die Vorliebe des Bürgertums für Räuber erklärt sich aus dem Irrtum: ein Räuber sei kein Bürger. Dieser Irrtum hat als Vater einen anderen Irrtum: ein Bürger sei kein Räuber.«[26]
Im Anschluß an diese Feststellung läßt sich Brecht zu einem anti-bürgerlichen Bonmot hinreißen, das den Autor in der Gefahr zeigt, die Räuber-Figur ebenso zu romantisieren, wie er das seinem Publikum durch das Vorführen des bürgerlichen Räuberlebens austreiben wollte: »So ist also kein Unterschied? Doch: ein Räuber ist manchmal kein Feigling.«[27]
Dieser Mut des Schurken macht die romantische Faszination aus, die von Mackie Messer auf den Zuschauer ausgeht. Er macht zwar schmutzig-blutige Geschäfte, aber riskiert er dabei nicht Kopf und Kragen? Er heiratet Polly, obwohl ihm das nur Gefahr und Ungemach bringt. Er geht zwar ins Bordell, aber er folgt seinem Trieb auch dann, wenn ihm dort Gefahr droht.
Brecht hat alles getan, um dieses schillernde und exotische Eigenleben des Macheath einzunüchtern. Er bemerkt zur romantischen Anziehungskraft, die Mac auf Frauen ausübt: »Frauen gegenüber wirkt er weniger als der schöne Mann, weit mehr als der gutsituierte Mann.«[28] Brecht nennt ihn,

wobei er sich auf englische Originalzeichnungen zur »Beggar's Opera« beruft, untersetzt, stämmig, mit einem Kopf wie ein Rettich, schon etwas kahl.
Der Autor nimmt seinem Helden die Räuber-Romantik, indem er sagt, der Gauner sei schon so sehr solider Geschäftsmann, daß er sein Augenmerk mehr auf die Ausbeutung seiner Angestellten als auf die Beraubung von Fremden richte.

Und auch der hemmungslose Trieb, die Liebesheirat und die Puff-Romantik – das alles soll so nicht sein: Macheath decke seinen geschlechtlichen Bedarf dort am liebsten, wo er damit gewisse Annehmlichkeiten häuslicher Art vereinen könne, also bei vermögenden Frauen. Man sieht, Spießerelend wird hier gegen romantisches Triebfreibeutertum aufgeboten. »In seiner Ehe«, so der Macheath-Verfasser weiter, »sieht er eine Sicherung seines Geschäftes.«[29]
Und die Bordellbesuche? Gewohnheiten, »die zu pflegen und mehren beinahe das Hauptziel seines eben bürgerlichen Lebens darstellt«.[30]
Auch den Mut des Berufsrisikos verkleinert Brecht: »In seine Zukunft blickend, sieht er sich keineswegs am Galgen, sondern an einem ruhigen und ihm gehörenden Fischwasser.«[31]
Schließlich holt Brecht zum endgültigen Schlag gegen die Räuber-Romantik aus, indem er sie zur notwendigen Geschäftsreklame macht: »Er weiß, was er seinem Ruf schuldig ist: eine gewisse Romantik dient, wenn gesorgt wird, daß sie sich herumspricht, dieser oben erwähnten Rationalisierung.«[32]
Alles was Brecht von seinem Helden sagt, kennzeichnet die Aussagen seines Stücks auf das trefflichste – dennoch wirken die Äußerungen bereits 1931 wie der verzweifelte Kampf eines Autors gegen sein eigenes Geschöpf, das längst

ein eigenständig schillerndes Leben nach dem fidel anarchistischen Motto führt: »Erst kommt das Fressen, dann die Moral.«

Dabei hat das wichtigste Korrektiv, das Brecht in das Stück einführte: der die Handlung unterbrechende, kommentierende, korrigierende Song, zum wuchernden Eigenleben der Figur und der Oper am stärksten beigetragen. Die Songs der »Dreigroschenoper« sind raffiniert und populär, einfach und eingängig in ihrer Aussage, kompliziert und vertrackt in ihrer Perspektive. Und sie sind dies alles auf einmal, wirken dennoch nicht brüchig, sondern schmissig, weil sie Schlagerstimmungen dadurch denunzieren, daß sie Schlagerwirkungen produzieren.

Dafür ein paar Beispiele. Die »Moritat von Mackie Messer« (»Und der Haifisch«) schildert den Helden nicht, wie er ist, sondern wie er den Leuten, die ihn nur vom Hörensagen kennen, erscheint. Die Moritat gibt also kein Bild, sondern ein Image, sie schildert keine Wirklichkeit, sondern literarisiert sie. Sie sieht den Räuber aus der Wunsch- und Gruselperspektive des Dienstmädchens, zeigt, was Trivial-Literatur mit der Wirklichkeit anstellt.

Der »Kanonen-Song«, den Macheath und der Polizeipräsident Brown als Duett gemeinsam singen, beschwört das Bild einer martialischen Männerfreundschaft: Kerle, die zusammen im indischen Dschungel durch dick und dünn gegangen sind, Kriegskameraden, die nichts trennen kann, suggeriert das Lied. In Wahrheit ist Brown, als er das Lied mit Mackie singt, aus Notwendigkeit längst bereit, seinen vorgeblichen Freund einzulochen. Und Mac weiß das auch. Und selbst wenn es nicht so wäre, wissen beide, daß sie nicht durch Freundschaft, sondern durch Geschäft und Erpressung miteinander verbunden sind. Ihre Beziehung ist kalt und berechnend, daher brauchen sie die dunstige Wärme

des kumpanenhaften Lieds. Es ist die Haudegen-Sentimentalität, die den wahren Charakter der Beziehungen entlarven soll.
Soweit ist die Perspektive kompliziert genug. Hinzu kommt nun noch, daß Brecht in der dritten Strophe (»John ist gestorben und Jim ist tot / Und Georgie ist vermißt und verdorben / Aber Blut ist immer noch rot / Und für die Armee wird jetzt wieder geworben«) die Rudyard-Kipling-Perspektive der alten Haudegen, die sich an rauhe, aber herzliche Zeiten im Krieg erinnern, aufgibt – und dem Lied zu seiner die Szene kritisch kommentierenden Funktion noch eine weitere, das Stück sprengende Aufgabe zumutet: den pazifistischen Appell an das Publikum. Hier singt auf einmal nicht mehr die Sentimentalität zweier beinharter Burschen, hier ertönt das Antikriegspathos des Autors Brecht.
Auch das Lied der Polly (»Einst glaubte ich, als ich noch unschuldig war«) ist dreifach raffiniert gebrochen. Die Überschrift lautet: »Durch ein kleines Lied deutet Polly ihren Eltern ihre Verheiratung mit dem Räuber Macheath an.« Zunächst scheint das Lied ein Affront gegen die bürgerlichen Vorstellungen davon zu sein, wen ein Mädchen zu heiraten habe. Sie wählt nicht den Mann, der Geld hat, nett ist und auch am Werktag einen sauberen Kragen trägt, macht also die gute Partie nicht. Statt dessen wählt sie (zur Räuber-Romantik herabgekommene Vorstellung, daß eine Verliebte nicht nach Geld, Gut und Reputation fragt) einen, der sie, ohne bürgerliche Reputation und ohne Firlefanz, einfach nimmt.
Beim Zuhörer und Zuschauer entsteht noch eine zusätzliche Irritation, daß dieses romantische Liebeslied immer mit der sehr handgreiflichen Vorstellung vom »einfach Hinlegen« verbunden ist.

Jedoch plappert sich in dieser riskierten Koppelung von Mondschein-Schwärmerei und deftiger Sexualvorstellung die nicht riskierte Wahrheit aus: So hätte Polly in ihren kitschigen Wunschvorstellungen gerne geheiratet – in Wahrheit jedoch hat sie genau denjenigen gewählt, den sie, ganz künftige Geschäftsfrau, für die günstigste und daher auch reputierlichste Partie erachtet. Brecht zeigt in den Songs das notwendig bestehende Mißverhältnis zwischen romantischem Kitsch und unromantischer Realität an.

Ebenso kompliziert stellt sich die Realität des »Lieds der Seeräuber-Jenny« dar. Auf den ersten Blick scheint alles klar: eine getretene Kreatur, Abwaschmädchen und kleine Hure in einer Soho-Kneipe, träumt sich über sein momentanes Elend heraus und erwartet die Revolution, die es für alle Erniedrigungen entschädigen wird. Kein Geringerer als Ernst Bloch hat dieses Lied als utopische Hoffnung gedeutet, als »Dynamit-Stelle« des Stücks, die, wenn auch auf Art und nach der Perspektive von Dienstboten und Kindern, Hoffnung auf notwendige Änderung, also revolutionäre Erwartung ausspreche.

Ist das so? Und ist das *nur* so? Henning Rischbieter hält Blochs Deutung als Möglichkeit entgegen, daß sich in der Ballade wiederum nur Pollys kitschiges Gemüt erweise, damit ihre spätere geschäftstüchtige Härte dann nur um so deutlicher würde.[33]

Doch auch das genügt noch nicht. Sieht man das Lied als Unterbrechung eines Kontexts, so muß man sich daran halten, daß es als Antwort auf ein anderes Lied gesungen wird. Auf der Hochzeitsfeier, deren unfreiwillige Peinlichkeiten Brecht satirisch schildert (solche grotesk gebrochenen Hochzeits-Szenen finden sich in seinem Werk immer wieder – von der »Kleinbürgerhochzeit« bis zu »Der gute Mensch von Sezuan«), singen drei Ganoven das »Hochzeits-

lied für ärmere Leute«, das Macheath aus mancherlei Gründen als ärgerlich und peinlich empfindet. Polly nun will die getrübte Stimmung heben, indem sie, die höhere Tochter, das Lied eines armen Mädchens »nachmacht«.
Das jedoch besagt, daß hier von Kunst als Garnierung die Rede ist, daß man sich mit Rührung die Stimmung zu verbessern trachtet und daß der bürgerlich-räuberischen Hochzeitsgesellschaft dazu der gerührte Blick auf das traurige Los eines armen Schankmädchens gerade recht ist.
Die kulinarische Rolle antikulinarischer Kunst wird hier scharfsichtig zynisch vorgeführt. Und da sollte sich Brecht wirklich gewundert haben, welches von ihm nicht mehr zu kontrollierende Eigenleben »Die Dreigroschenoper« als Stimmungskanone des Theaters von Erfolg zu Erfolg zu führen begann?

## »Schweyk«

»Am Grunde der Moldau wandern die Steine.
Es liegen drei Kaiser begraben in Prag.
Das Große bleibt groß nicht und klein nicht das Kleine.
Die Nacht hat zwölf Stunden, dann kommt schon der Tag.«

*»Das Lied von der Moldau«*, GBA V, 92

Die »Dreigroschenoper«, »Mahagonny« und »Happy End« – diese drei Werke gehören, bei allen qualitativen Unterschieden, nicht nur zusammen, weil in ihnen der Dramatiker Brecht mit dem Musiker Weill zu einer gleichberechtigt fruchtbaren Zusammenarbeit fand, sondern auch, weil Brecht in diese Werke, durch die Notwendigkeit zu Liedern, Songs, musikalischen Nummern gezwungen, einen seiner wesentlichen Sprachtonfälle einbrachte: die Sprache seiner Balladen und Gedichte, die Sprache seiner »Hauspostille«.

Ausgangspunkt der Zusammenarbeit mit Weill ist ja der Plan, fünf in der »Hauspostille« enthaltene Mahagonny-Gesänge, die eine zynisch verzweifelte »Nach uns die Sintflut«-Stimmung ausdrücken, zu vertonen – ein Plan, der als »Songspiel Mahagonny« realisiert, 1927 beim Baden-Badener Musikfest Skandal machte. Hat »Mahagonny« schon ein biblisches (besser sollte man sagen: antibiblisches, von einer verweltlichten Apokalypse geprägtes) Thema, so gilt für alle drei Werke, daß Brecht für sie die biblische Sprache benutzt, parodiert, umstilisiert, indem er ihr Vergänglichkeitspathos aufgreift, ihr jedoch ihre Transzendenz austreibt (»Ihr sterbt mit allen Tieren / Und es kommt nichts nachher«).

Sicher lag der Adaption der Bibelsprache auch die Absicht des Schocks zugrunde. Das Zusammenbiegen von Kaschemmen- und Zuhälterwirklichkeit mit dem Deutsch der Luther-Bibel stellt einen solchen verfremdend schockierenden Zusammenhang dar. Jedoch darf man in Brechts Vorliebe für die Bibelsprache auch so etwas wie eine ins Irdische gewandte missionarische Variante des Christentums sehen, die die Sprache und das Milieu der Entrechteten, Ausgestoßenen und Armen sucht. Brecht war von dieser »propagandistischen« Variante, wie sie sich in der Arbeit der Heilsarmee ausdrückte, fasziniert und amüsiert zugleich – seine jungen Heldinnen haben immer etwas von einem Heilsarmeemädchen, selbst wenn sie, wie die Shen Te, einen Beruf wie den der Prostitution ausüben.

Die Bibelsprache, die in Brechts Stücken auch zu kernig griffigen Zitaten, wenn ich so sagen darf, rauhen Süffigkeit führt, machte es Brecht möglich, endgültig mit der lyrisch subjektivistischen Komponente seines Werks zu brechen: Rimbaud und Verlaine und deren expressionistische Nachahmung waren überwunden. Schon mit der Sprache der Bibel (wobei er die Religion als Herrschaftsinstrument durchschaute und verwarf) begründet Brecht die »plebejische Tradition« seines Werks.

Für diese »plebejische Tradition« wird ihm später als Hauptquelle noch eine andere Sprache wichtig: es ist die des braven Soldaten Schwejk, die Sprache Hašeks. Hans Mayer, dem wir für dieses, von Brecht für seine Dramenabsichten gewählte Idiom den Ausdruck »Sklavensprache« verdanken, hat, um mögliche Irrtümer auszuschließen, sehr nachdrücklich davor gewarnt, die Schwejk-Sprache (bei Brecht: Schweyk-Sprache), die sich in der »Courage« ebenso findet wie im »Puntila«, in den »Flüchtlingsgesprächen« oder in den Szenen »Furcht und Elend des Dritten Reichs«, mit der bloßen Übernahme des böhmakelnden Tonfalls der Übersetzung der Grete Reiner zu verwechseln. Brecht über-

nimmt und kopiert von Hašek weniger einen scheinbaren Dialekt oder Jargon (obwohl sich ja auch in Dialekten und im Jargon Haltungen, also auch Lebens- und Weltanschauungen ausdrücken); entscheidend ist auch nicht, daß er für das »Böhmakeln« andere süddeutsche, sprich: Augsburger Entsprechungen sucht und findet (obwohl sich auch daran eine gemeinsame antipathetische Komponente süddeutscher Zungenschläge ablesen ließe); vielmehr greift Brecht bei Hašek nach einem bestimmten Sprach-Gestus, nach einer Sprachhaltung, die Hans Mayer mit dem fünften Teil in Brechts »Schwierigkeit beim Schreiben der Wahrheit« in Zusammenhang bringt, mit der »List«.
Der Sprach- und Lebensgestus des Schweyk ist natürlich nicht erst in der Emigration, als Brecht nach einer literarischen Waffe gegen den Faschismus suchte, für den Autor von Hašeks Himmel gefallen. Denn einmal hat sich Brecht mit Hašek schon 1928 als Dramatiker beschäftigt, als er für Piscator die Bühnenfassung des Romans schrieb. Zum anderen ist der scheinbar blöde, ja verblödelnde Tonfall der Figur des Prager Hundefängers der Sprachhaltung Karl Valentins verwandt, dessen anregender Einfluß auf den jungen Brecht bekannt und unverkennbar ist.
1954, also kurz vor seinem Tod, plante Brecht für das Berliner Ensemble die Uraufführung des »Schweyk«, die aber nicht mehr zustande kam. So war das Stück, bedenkt man Brechts Arbeitsweise, zu der häufig einschneidende Änderungen während der Inszenierung gehörten, im strengen Sinne »unvollendet«. (Pläne, das Stück in den USA zu realisieren, hatten sich während des Krieges zerschlagen; die Versuche, die Brecht dabei unternahm, offenbaren, wie wenig die amerikanische Theaterwirklichkeit und Brechts Stücke zusammenpassen; die Freundschaft mit Piscator, der sich übergangen fühlte, nahm dabei Schaden.) Manfred

Wekwerth hat aus dieser letzten Berliner Zeit notiert, wie gern Brecht damals bei »einem seiner Lieblingsthemen«, dem »Blödeln« verweilte. Blödeln, so Brecht, sei Aggression, aber eine, die nicht nachzuweisen wäre.
Laut Wekwerth habe Brecht dafür als Beispiel einen Vortrag über Beamte angeführt: jemand lobe in einem langen Referat vor Beamten deren Zuverlässigkeit und füge dem schließlich an – und zwar mit großer Logik –, daß auch Fehler und Mängel bei Beamten zuverlässig eintreten müßten. Die Beamten, die vorher Beifall gespendet hätten, könnten auch jetzt nur ohnmächtig wütend sein, weil sie ja sonst die ihnen attestierte Zuverlässigkeit insgesamt in Frage stellen müßten.[34]
Dieses Blödelbeispiel, nach dem Muster bekannter logischer Trugschlüsse gebildet (»Alle Kreter sind Lügner«), gibt Auskunft, was Brecht an Hašeks Schwejk reizte, was ihn veranlaßte, ihn zu seinem Schweyk zu verwandeln und aus dem Weltkrieg Nummer eins in den Weltkrieg Nummer zwei zu schicken, aus der k.u.k.-Monarchie in das Hitler-Reich zu verpflanzen. Es war Brechts eigene »Lehre vom scheinbaren Einverständnis«; der Widerstand wird durch Anpassung geleistet (das weiche Wasser überdauert den harten Stein), die Sabotage durch scheinbare Überpflichterfüllung; die List erscheint als Waffe gegen die Diktatur.
Hašeks Schwejk, laut Polgar eine Figur, die weiß, daß Gott die Flinten wachsen lasse, aber auch das Kornfeld, in das man sie werfen könne, war eine Figur, die die austriakische Kriegsmaschinerie durch vorgebliche Treuherzigkeit aus den Angeln hob. Eine Figur, in der sich der tschechische Widerstand gegen die österreichischen Anforderungen diensteifrig zur Wehr setzte. Schwejk erfüllt alle ihm auferlegten Pflichten buchstäblich und wortwörtlich und macht auf diese Weise die absurde Unordnung der Ordnung sicht-

bar. Schwejk kommt scheinbar vom Hundertsten ins Tausendste – und ist dabei in Wahrheit beim Kern der Sache, weil er so die gerne verschleierten, wahren Zusammenhänge aufdeckt. Schwejk behelligt das Pathos, die offiziöse heroische Version von den Ereignissen mit seiner banalen Erfahrungswelt der kleinen Leute (ein bei einem Attentat ermordeter Erzherzog wird mit einem bei einer Wirtshausstecherei getöteten Viehhändler verglichen) und zeigt damit nicht nur den »Wahren Jakob«, sondern auch wie gleichgültig dem Volk eigentlich die Handlungen der Großen sein müßten – würden sie nicht zwangsläufig hineinverwickelt und müßten sie daher ausbaden.

Das alles deckte sich mit Brechts Intentionen, kam seinen Absichten entgegen (war Schwejk nicht ein passiver Baal, egoistisch und kleinbürgerlich genügsam zugleich?).

Ist es wirklich so? Man muß, angesichts der Tatsache, daß der »Schweyk« (obwohl die Rolle ein sogenanntes gefundenes Fressen für Schauspieler ist) als Werk mißlungen ist. Ich teile die Ansicht des polnischen Kritikers Jan Kott, der nach der Warschauer Uraufführung 1957 sarkastisch schrieb: »Es wird behauptet, daß es sogar den größten Schriftstellern hin und wieder passiere, daß sie ein schlechtes Stück schreiben. Brechts Schweyk ist ein solcher künstlerischer Irrtum dieses Autors. Schon das Konzept ist fragwürdig.«[35]

Aber der »Schweyk«, und daher ist hier von ihm zu handeln, ist ein typischer, für Brechts Fragestellungen unvermeidlicher Irrtum. Und dies aus mehrerlei Gründen.

Am leichtesten einzusehen ist der Fehler, Hašeks Figur aus Kakanien in die Totalität des Nazi-Staats zu verpflanzen. Gegen Hitler half, zumal bei den zu Untermenschen gestempelten Tschechen, keine listige Opposition mehr. Das Regime unterschied nur zwischen Mitläufern, die es benutzte, und Gegnern, die es zu vernichten trachtete. Widerstand war nur als aktiver Widerstand möglich. List als Waffe war, anders als in dem martialisch-schlampig sich auflösenden Österreich-Ungarn, nicht möglich. Wo der politische und rassische Gegner zur KZ-Nummer präpariert und als solcher der Vernichtung bestimmt wurde, war eine Suada keine denkbare Waffe mehr.

Um noch einmal Jan Kott das Wort zu geben, der es aus eigener Erfahrung wissen muß: »Weder die bäuerische Vernunft noch die des Krämers war Held des Zweiten Weltkrieges. Die Vernunft genügte nicht einmal zum Schutz des eigenen Lebens. Sie war ratlos, wenn es ums Leben ging, sie war auch intellektuell hilflos. Der gesunde Menschenverstand des wahren Schwejk ermöglichte dem Helden, jede Begegnung mit der österreichischen Dummheit siegreich zu beenden. Der Schwejk Hašeks war klüger als Österreich und hat unsere Sympathie erweckt. Die Schweyks haben im Zweiten Weltkrieg immer verloren. Auch dann, wenn sie auf der Straße gefangen und in Konzentrationslager gebracht wurden. Sie erweckten nur das Mitleid, nicht die Sympathie. Sie waren höchstens kläglich.«[36]

Nun ist es nicht so, als wäre Brecht sich dieser Schwierigkeit nicht bewußt gewesen. (Und es ist auch nicht so, als meinte dieser Einwand, der Nazi-Krieg und die Hitler-Diktatur ließen sich nicht »komisch« abhandeln. Lubitschs »To be or not to be« oder Chaplins »Großer Diktator« sind Gegenbeispiele. Brecht selbst hat eines mit den – auch komischen – Szenen von »Furcht und Elend des Dritten Reichs« geliefert.) Vielmehr hat Brecht das Schwejk-Thema insofern zu seinem großen Thema von der Unmenschlichkeit heroischer Zeiten umgemodelt, als er mit dem Stück zeigte, wie weit der Weg ist, einem eßgierigen Menschen wie Baloun ein Stück Fleisch zu verschaffen.

Das jedoch hat Folgen. Schweyk handelt auf einmal nicht mehr als der nur auf sich bezogene Antiheld, an dem alle heroischen Forderungen wie von einem Stein abprallen, er wird vielmehr für seinen Freund Baloun zum Helden, ja sogar zum idealistischen Kämpfer für eine Idee: damit nämlich Baloun seinen nationalen Stolz nicht für ein Fleischgericht verkauft, zieht Schweyk sogar in den Zweiten Weltkrieg.

Als Brecht Ende Mai 1943, von New York nach Santa Monica zurückkehrend, seinem Sohn Stefan »einiges von dem SCHWEYKPLAN« erzählt, macht dieser Einwände: »er sagt sogleich, der originalschweyk würde sich um balouns schwierigkeiten kaum kümmern, ihm eher zum eintritt in die deutsche armee zuraten und schwerlich in einem so gefährlichen lokal wie dem jetzigen wirtshaus ZUM KELCH verkehren. tatsächlich liegen da die verschärfungen gegenüber 1914. jedoch beschließe ich auf der stelle, diese unpolitische haltung (Schweyks) widersprüchlich in die kleine fabel (*rettung des fressers baloun*) einzubauen. im zug den alten schwejk lesend, bin ich wieder überwältigt von diesem riesigen panorama hašeks, dem echt unpositiven standpunkt des volks darin, das eben das einzig positive selbst ist und daher zu nichts anderem ›positiv‹ stehen kann. auf keinen fall darf schweyk ein listiger hinterfotziger saboteur werden. er ist lediglich der opportunist der winzigen opportunitäten, die ihm geblieben sind. er bejaht aufrichtig die bestehende ordnung, soweit er eben ein ordnungsprinzip bejaht, sogar das nationale, das er nur als unterdrückung trifft. seine weisheit ist umwerfend. seine unzerstörbarkeit macht ihn zum unerschöpflichen objekt des mißbrauchs und zugleich zum nährboden der befreiung«.[37]

Da paßt, wie später im Stück, einiges nicht zusammen – der unpositive Standpunkt nicht zur aufrichtigen Bejahung

der bestehenden Ordnung, die unpolitische Haltung und die Rettung Balouns (trotz der Hilfsvokabel widersprüchlich), die »Unzerstörbarkeit«, die Hitler, wäre sie vorhanden, zum lächerlichen ohnmächtigen Popanz machte, und das Mitläufertum, das Hitler immerhin bis nach Stalingrad kommen ließ, wobei viele Unzerstörbarkeiten endgültig zerstört auf der Strecke geblieben sind.
Man muß sagen, daß sich die Figur Schwejk nicht widersprüchlich verschärft hat (wie Brecht es wollte und beabsichtigte), sondern daß sie sich dabei zu unauflösbaren Widersprüchen zersplitterte. Da ist auch mittels Dialektik nichts zu retten.
Schweyks und damit Brechts Dilemma ist es, daß sich in dieser wie in vielen anderen Figuren zwei Intentionen, zwei Perspektiven überschneiden: Die eine Perspektive ist die plebejische Perspektive, die besagt, daß das Volk sich nur zu sich selbst positiv verhalten könnte. Sie ist, wie Henning Rischbieter ausführt, unheroisch, naiv, vital.[38] Die andere Perspektive ist die des proletarischen Bewußtseins, sie ist opferbereit, gläubig, solidarisch, kämpferisch. Schweyk soll sie beide vereinen. Galilei wird in der ersten Fassung dafür gerühmt, daß er sich die egoistische, listige, plebejische Verhaltensweise zu eigen macht, in der späteren Fassung wird er aus dem gleichen Grund in einem Revisionsverfahren verurteilt – so als schwanke auch der Autor zwischen beiden Perspektiven hilflos hin und her. Die Folge davon ist, daß Brecht, schreibt er aus der plebejischen Perspektive, einen Zustand zum Ideal erheben muß, der, von der proletarischen Perspektive aus betrachtet, die Wurzel allen Übels ist.
Im »Schweyk« ist das Ideal die kleinbürgerliche, spießig angenehme Enge des »Wirtshauses zum Kelch«, kleine Leute, die nicht über ihren Tellerrand und über die Schaum-

krone ihres Bierseidels hinausblicken können. Vom proletarischen Bewußtsein aus ist diese Selbstgenügsamkeit und Behaglichkeit die Brutstätte des Faschismus, weil sie sich jegliche Aktivität für ein Butterbrot abkaufen läßt.
Vom plebejischen Standpunkt aus benutzt der kleine Mann die »Sklavensprache«, weil er nur so kein Sklave ist. Vom proletarischen Standpunkt aus müßte die »Sklavensprache« Ausdruck der Sklaverei sein. Daß totalitäre Herrschaft sich auch über das Bewußtsein erstreckt, daß der kleine Mann, wenn er den Großen nach dem Mund redete, sie nicht immer listig durchschaute, sondern ihnen gläubig vertraute – dieser Tatbestand wird von Brechts listiger Sklavensprache eigentlich kaum transportiert. Horváths »Jargon der Uneigentlichkeit« ist dieser sprachlichen Realität des Faschismus da wesentlich näher gekommen.

# Shen Te und Shui Ta

»Ein zurechnungsfähiger Mensch ist ein Mensch, dem man alles zutrauen kann.«

*»Herr Puntila und sein Knecht Matti«,* GBA VI, 289

Im »Galilei« beklagt der Schüler Andrea die Feigheit seines Lehrers mit dem Satz, das Land sei unglücklich, das keine Helden habe. Galilei repliziert: »Unglücklich das Land, das Helden nötig hat.«[39] Welcher der beiden Sentenzen man sich auch, mit Brecht dialektisch die Standpunkte wechselnd, zuneigt – als unveränderte Komponente bleibt ein Begriff bestehen: der des Helden. Er fehlt oder er ist da, seine Existenz jedoch wird nicht angezweifelt. Held – das heißt aber doch, daß der einzelne eine Persönlichkeit hat und ist, daß er über eine Identität verfügt, daß er ein sich eigenes, unverwechselbares Individuum ist.

Unter diesem Aspekt sind viele der Stücke Brechts Heldendramen, die auch von Versagen und Schuld sprechen und handeln. Versagen und Schuld jedoch sind tragische Begriffe, an die Entscheidung eines einzelnen gebunden. Und Entscheidung setzt Identität voraus. Es kann überhaupt kein Zweifel darüber bestehen, daß zahlreiche Stücke Brechts, um von falschen und von richtigen Entscheidungen handeln zu können, die Individualität unangetastet lassen: das gilt für die »Mutter Courage«, die sich zum Krieg so oder so verhalten kann. Es gilt für den »Galilei«, der widerrufen oder nicht widerrufen kann. Es gilt für Grusche, die sich für oder gegen das Kind entscheiden kann, für die Mutter, die die Revolu-

tion in freiem Entschluß zu ihrer Sache macht, ebenso wie für Frau Carrar.
Aber daneben gibt es auch unter diesem Gesichtspunkt einen zweiten, einen anderen Brecht, der die Individualität der Figuren aufweicht und auflöst, der ihren Charakter zu einer Funktion gesellschaftlicher Zusammenhänge macht, von denen sie bestimmt wird, ohne darüber entscheiden zu können. Ja es ist geradezu ein zweiter, beherrschender Zug des Brecht-Theaters, daß die neue Dramenform deshalb geschaffen wurde, um den Heldenbegriff außer Kraft setzen zu können.
Im Kölner Rundfunkgespräch »Neue Dramatik«[40] von 1929 wird Brecht von dem Kritiker Ihering gefragt, ob er denn alle Dramen, die Schicksale des Individuums behandelten, also eher Tragödien seien, abbauen wolle. Brecht stürzt sich daraufhin mit Elan auf die großen einzelnen bei Shakespeare: »Ja, die großen Einzelnen! Die großen Einzelnen waren der Stoff, und dieser Stoff ergab die Form dieser Dramen. Es war die sogenannte dramatische Form ... Spätere Zeiten werden dieses Drama ein Drama für Menschenfresser nennen und werden sagen, daß der Mensch am Anfang als Dritter Richard mit Behagen und am Ende als Fuhrmann Henschel mit Mitleid gefressen, aber immer gefressen wurde.«[41]
Dem setzt Brecht das epische Drama entgegen und nennt als sein Beispiel »Mann ist Mann«, ein Stück, das schon im Titel die Individualität und damit den unverwechselbaren einzelnen aufgibt.
Dabei führt Brecht die Auflösung der Individualität als Spaltung oder Verwandlung der Individualität vor. Sie wird unter dualistischem Aspekt vollzogen. (Von der Auslöschung der Individualität, vom Aufgehen im Kollektiv, wird später, im Zusammenhang mit der »Maßnahme« noch zu handeln sein.)

Dabei gibt es drei verschiedene, in sich und zueinander widersprüchliche Stufungen: einmal die Verwandlung des Packers Galy Gay in eine Kampfmaschine; zum zweiten die bewußte, als Notwehr veranstaltete Aufspaltung in »Der gute Mensch von Sezuan«; drittens schließlich die unbewußte, aber auch zum Selbstschutz veranstaltete Zweiteilung des Puntila.

In einer als Zeitungsnotiz drapierten Fabelerzählung beschreibt Brecht, wie drei englische Soldaten, die bei einer Sauftour ihren vierten Kameraden eingebüßt haben, den Hafenpacker Galgei dazu bringen, für den vermißten Vierten einzuspringen, damit sie sich beim drohenden Appell vollzählig zurückmelden können. Der Packer, der zunächst nur aus Mitleid mitmacht, wird unter Alkohol gesetzt, dann wird ihm mit einem Trick vorgegaukelt, er habe einen Elefanten der englischen Armee gestohlen. Dann wird zum Schein seine Erschießung inszeniert, wobei er ohnmächtig wird. Aus der Ohnmacht erwacht, wird er genötigt, sich selbst die Leichenrede zu halten. So wird er nach und nach in die Figur des verschwundenen Soldaten Jip verwandelt, er erkennt seine Frau nicht mehr, ja sogar das Auftauchen des wirklichen Jip bringt ihn nicht davon ab, daß er Jip sei. Aus dem friedlichen Packer ist eine wilde Kampfmaschine geworden.

Man tut dem Eifer des dramatischen Neuerers Brecht keinen Abbruch, wenn man daran erinnert, daß die komödienhafte Verwandlung von Menschen geradezu ein Hauptthema Shakespeares ist: ob Zettel im »Sommernachtstraum« als Esel, ob der böse Herzog in »Wie es euch gefällt« als bekehrter Einsiedler, ob das Mädchen Rosalinde als umworbener Jüngling – stets läßt Shakespeare seine Komödienfiguren »außer sich« sein – sich sozusagen in einem schizophrenen Spiegel als der ganz andere im eigenen Selbst betrachten. So gesehen führt auch »Mann ist Mann« nichts anderes vor als das (Shakespearesche) Erschrecken, was alles in einem stekken kann – wobei das Wort Erschrecken eher ungenau umschreibt, was Brecht mit der Verwandlung seines Packers zum Soldaten vorführen wollte. Zwar heißt es in der zitierten Notiz »Für Zeitungen«, daß sich die Figur über ihre Identität im unklaren sei und daß die Geschichte der »oberflächlichen Firnis des Individualismus in unserer Zeit«[42] beweise, doch ist keineswegs klar, ob Brecht dies erschrokken oder zustimmend konstatiert.

In der Rede im Rundfunk zu »Mann ist Mann« bemerkt Brecht in einem Tonfall, der offenbart, daß er das Alte ohne Bedauern stürzen sieht: »Sie [die Stücke] enthalten diese alten Dinge nicht mehr, weil jene Leute, für die diese Dinge wichtig waren, heute im Niedergehen begriffen sind.«[43] Jetzt bilde sich ein »neuer Typus Mensch« heraus, der sich nicht durch die Maschinen verändern lasse, sondern die Maschinen verändere. Brecht schildert dann Galy Gay als einen möglichen Vorfahren dieses neuen Typus Mensch: »Es ist vielleicht interessant, wenn Sie ihn von diesem Standpunkt aus direkt beobachten, um möglichst genau herauszubringen, wie er sich zu den Dingen verhält. Sie werden sehen, daß er unter anderm ein großer Lügner ist und ein unverbesserlicher Opportunist, er kann sich allem anpassen, fast ohne Schwierigkeiten. Er ist anscheinend sehr vieles zu ertragen gewohnt. Er kann sich sogar nur sehr selten eine eigene Meinung gestatten ... Ich denke auch, Sie sind gewohnt, einen Menschen, der nicht nein sagen kann, als einen Schwächling zu betrachten, aber dieser Galy Gay ist gar kein Schwächling ... er ist der Stärkste. Er ist allerdings erst der Stärkste, nachdem er aufgehört hat, eine Privatperson zu sein, er wird erst in der Masse stark.«[44]

Daran ist einiges verwunderlich. Das unfreiwillige Opfer als neuer Typus? Derjenige, der sich überwältigen läßt, als Überwältiger? Brecht billigt dem gewaltsam Verwandelten Züge zu, die teils an Baal und teils an Schweyk erinnern. Ihn scheint bei diesen neuen Eigenschaften, die er schätzt, nicht zu interessieren, ob sie nun gewaltsam aus dem alten Adam herausgestülpt worden sind. Ihn scheint für das Aufgehen im Kollektiv nicht zu interessieren, um was für ein Kollektiv es sich dabei handelt: Hauptsache, die Individualität ist überwunden.

Doch 1936 sah das Ganze anders aus. Der neue Typus, den Brecht 1931 gefeiert hatte, war Nazi geworden. Brecht schien das keine Schwierigkeiten zu bereiten: »Die Parabel ›Mann ist Mann‹ kann ohne große Mühe konkretisiert werden. Die Verwandlung des Kleinbürgers Galy Gay in eine ›menschliche Kampfmaschine‹ kann statt in Indien in Deutschland spielen. Die Sammlung der Armee zu Kilkoa kann in den Parteitag der NSDAP zu Nürnberg verwandelt werden. Die Stelle des Elefanten Billy Humph kann ein gestohlenes, nunmehr der SA gehörendes Privatauto einnehmen ...«[45]

Aus dem plebejischen Lob der Charakterlosigkeit war der proletarische Jammer über die mangelnde Charakterfestigkeit des Kleinbürgers geworden. Das Land, das sich einst glücklich schätzen sollte, einen neuen Typus Mensch hervorgebracht zu haben, war nun unglücklich, weil es diesen neuen Typen in die Hände gefallen war.

Verwandelt sich der Packer Galy Gay einmal und endgültig in den Krieger Jip, der Familienvater in den männerbündlerischen Krieger mit der später in der »Dreigroschenoper« höhnisch zitierten gröhlenden Kameraderie, so gehört die Verwandlung des »Guten Menschen von Sezuan« von der guten Shen Te zum bösen Vetter Shui Ta zu den täglichen Notwendigkeiten in einer schlechten Welt: »Die Schlech-

tigkeit war eine Kehrseite der Güte, gute Taten waren nur zu ermöglichen durch schlechte Taten – ein erschütterndes Zeugnis für den unglücklichen Zustand dieser Welt.«[46]
Man möchte die bühnenwirksame, von den Pantomimen des asiatischen Theaters angeregte Spaltung einer Bühnenfigur in ein Mädchen, das durch das Gebot der Götter (sprich: die herrschende Moral) zur Güte genötigt wird, sich aber, der herrschenden Verhältnisse wegen, immer wieder zum bösen, männlichen zweiten Ich verwandeln muß, für eine pure Bühnenkonstruktion halten. Jedoch hat Brecht, von der alternden, sich als Geliebte verlassen fühlenden Ruth Berlau, auch im Leben diesen Eindruck gehabt und vermittelt. Jedenfalls schrieb er ihr: »Einst warst du nur Shen-Te, dann kam mitunter der Vetter, jetzt ist nur noch der Vetter da.« Da diese Verwandlung in bezug auf ihn, auf Brecht geschah, vermißt man, wenn im Falle des »Guten Menschen« die Verhältnisse die Schuld tragen, die Feststellung, wer denn nun den Vetter in Ruth Berlau zum Auftreten genötigt habe. Konnte es nicht, statt der Verhältnisse schlechthin, Brechts spezielles Verhältnis zu ihr sein? Früher, im amerikanischen Exil, als sie Brecht in Kalifornien verließ, weil sie in New York einen Job gefunden hatte, war sie ihm mehr wie Galy Gay vorgekommen.[47]
So leicht es Brecht offenbar fiel, in der Wirklichkeit zwischen Vetter und Base, zwischen Gut und Böse zu unterscheiden – der Schwierigkeiten für das Theater, die sich aus der Spaltung ergeben, war er sich durchaus bewußt. 1940 notierte er über die reinliche Spaltung in »gut und böse«: »Überhaupt sind die Elemente *gut* und *böse* für ein realistisches Verkleidungsstück zu sehr isoliert.«[48] Die Güte, so folgert das Stück, würde Shen Te zugrunde richten und ruinieren; das Bösesein, so muß der Zuschauer folgern, macht sie gleich zum frühkapitalistisch ungehemmten Un-

ternehmer. Die Folgen der Güte sind beiläufig, betreffen wenige und die zufällig; die Folgen desBöseseins sind dauerhaft, sie bestimmen die Produktionsverhältnisse in Shen Tes Welt. Das jedoch hat zur Folge, daß der Vetter, obwohl nur eine temporäre Verwandlung, dauerhafte Wirkungen zeitigt, während die gute Shen Te, obwohl der eigentliche Charakter, nur temporär etwas ändert, noch dazu nur Arabesken der Verhältnisse.

Brecht ahnte das wohl und wollte dem entgegenarbeiten, wenn er im Arbeitsjournal vermerkt, bei der Doppelrolle müsse eine wichtige Erkenntnis vermittelt werden, nämlich die: »wie leicht es ist für sie, gut zu sein, und wie schwer es ist, böse zu sein.«[49]

Der früher gerühmte Opportunismus und Egoismus darf nur noch als böse Nebenrolle auftreten: nicht die Güte soll zur Farce werden, sondern die Welt, die sie unmöglich macht. Das Prinzip der Schizophrenie erscheint hier als zwangsläufige Antwort auf eine schizophrene Welt, die jene Tugenden fordert, welche die Selbsterhaltung verbietet.

Die von den Göttern beschenkte Prostituierte Shen Te ist nur als ihr zweites Ich ein böser, andere ausbeutender Mensch. Der Gutsherr Puntila, von seiner Klassenzugehörigkeit her ein Ausbeuter, ist nur in seinem zweiten Zustand, nämlich betrunken, ein Mensch. Die von Brecht angestrebte Persönlichkeitsauflösung drückt sich in dieser Figur, die ständig zwischen den beiden Zuständen des Ernüchterns und des Besoffenseins hin und her pendelt, am glücklichsten und geglücktesten aus. Denn der finnische Saufaus, der sich dabei wie ein Mensch aufführt, um nur nüchtern den Ausbeuter zu spielen, ist immerfort damit beschäftigt, in dem einen Zustand das wieder in Ordnung zu bringen, was er in dem andern in Unordnung gebracht hat – und auf

diese Weise zeigt sich, daß eine Welt nicht in Ordnung sein kann, die sich Menschlichkeit nur besoffen gestatten kann. Während »Der gute Mensch von Sezuan«, nähme man ihn nur genügend beim Wort, offenbaren müßte, daß Shui Ta die eigentliche Figur ist, die sich ab und zu die gute Shen Te leistet, ist der »an sich« böse Puntila erst im Suff ganz in seinem Element, also nur als Mensch lebendig.
Brecht gibt als Quelle für seinen »Puntila«, den er im finnischen Exil schrieb, mündliche Erzählungen und einen Stückentwurf von Hella Wuolijoko an. Doch das Motiv vom besoffenen Reichen, der einen Armen im Suff brüderlich in seine offenen Arme nimmt, ihn an Reichtum und Luxus gleichberechtigt partizipieren läßt, um ihn ernüchtert wieder in seine sozialen Schranken zu weisen, alle Brüderlichkeit für klassenbedingte Verachtung vergessend, dieses Motiv stammt aus einem Chaplin-Film, aus den »Lichtern der Großstadt«.
Brecht hat diesen Film nicht nur gesehen, sondern sogar rezensiert und den »hündischen Blick« Chaplins am Schluß in der Großaufnahme als Friedensschluß des »Anarchisten« Chaplin mit den spießigen Erwartungshaltungen der Zuschauer gedeutet oder, besser gesagt: mißdeutet.
Brechts Kurzrezension der »Lichter der Großstadt« ist im »Dreigroschenprozeß« von 1931 versteckt. Diese Tatsache hat in der Brecht-Literatur, die sehr wohl die Verwandtschaft zwischen den »Lichtern der Großstadt« und dem »Puntila« herausgespürt hat, zu merkwürdig vagen Spekulationen geführt. Wolfgang Gersch vermutet in seinem Buch »Film bei Brecht«: »Möglicherweise hatte sich schon Hella Wuolijoki von dem Film anregen lassen, denn ihre dramatische Vorlage für das Stück sieht bei Puntila bereits einen Wechsel von Betrunkenheit und Nüchternheit vor. Daß die Autorin Motive aus Filmen aufgriff, belegt eine Notiz von

Brecht, nach der sie aus einem Film ›Elemente epischer Art! die Fahrt nach legalem Schnaps und die Bergbesteigung‹ übernahm.«[50]

Ich erwähne das nicht, um Brecht etwa des Verschweigens einer Quelle wegen zu denunzieren. Im Gegenteil: was er zu dem von Alfred Kerr vom Zaun gebrochenen Plagiatsstreit wegen einiger Amman-Übersetzungen von Villon-Versen in der »Dreigroschenoper« über die »Laxheit in Fragen geistigen Eigentums« gesagt hat, wird bei diesem (Shakespeare und Nestroy) vergleichbaren Vielfraß und Vielverwerter nur zu akzeptabel.

Jedoch ist der Vergleich zwischen Chaplins »Lichter der Großstadt« und dem »Puntila« aus noch einem anderen Grund aufschlußreich. So sehr der Stummfilmmillionär in seiner besoffenen Menschlichkeit und in seiner nüchternen Bestialität dem Puntila gleicht (soweit eine Stummfilmfigur einer redenden Bühnenfigur gleichen kann), so sehr unterscheidet sich der Tramp, den Chaplin spielt, von Matti. Bei Chaplin herrscht jenes anarchische In-den-Tag-Leben, das sich bei Matti dauernd an mißmutigem Klassenbewußtsein brechen muß.

Das macht: Chaplin hat sich nicht der Pflicht unterworfen, seinen Tramp aus dem Lehrbuch des fortgeschrittenen Bewußtseins zu schneiden, nach dem Brecht seine Proletarier immer bilderbuchhafter formte. Brechts Anstrengung, den »hündischen Blick« zu vermeiden, macht seine Matti-Figur zum klassenbewußten Langweiler. Und Völker hat sehr genau gespürt, wie wenig sich Matti zum Gegenpart Puntilas eignet. Den übernehmen eigentlich Puntilas Verlobte, die vier Frauen von Kurgela, die das Volk darstellen wie der Tramp bei Chaplin.[51]

Daher kommt es in Chaplins Film auch zum schönsten, schlüssigsten Verfremdungseffekt: der Tramp, der mit dem

Rolls-Royce seines besoffenen Gönners umherfahren darf, bleibt stehen, um sich, gewohnheitsgemäß, nach einer Kippe zu bücken. Der Rolls-Royce und die Kippe: besser läßt sich nicht schildern, wie etwas aus der Gewohnheit gerückt wird (Tramps bücken sich nach Kippen), damit man es als ändernswert erkennt.

Auch Brecht bewahrt in seiner Puntila-Figur Züge, die über die Theorie der Klassenzugehörigkeit hinausgehen. Wenn Puntila im Suff und Matti im Zorn den Hatelma-Berg bauen, ihn besteigen, um die Schönheit des Landes zu preisen, dann wird in dieser Szene, die mit größter poetischer Präzision im Heimatlob Naturliebe und Besitzgier vereint, deutlich, wie stark hier Brecht von dem Schema der puren Zweiteilung in Gut und Böse ins Lebendige abwich.

In seinem »Puntila«-Kapitel, dem kritischsten Kapitel seiner Brecht-Biographie, hat Klaus Völker für eine Szene lang den Vorhang von Brechts Leben gehoben und dem Leser gezeigt, wie die Kraftanstrengung verlaufen ist, die zwischen der selbstgewählten öffentlichen Aufgabe und dem unterdrückten privaten Darstellungswillen zu entscheiden hatte: im Falle des Herrn Puntila ist ein immer noch glücklicher Kompromiß herausgekommen.

Brecht lebt im finnischen Exil, das er liebt: »Diese hellen Nächte sind sehr schön. Gegen drei Uhr stand ich auf, der Fliegen wegen, und ging hinaus. Hähne krähten, aber es war nicht dunkel gewesen. Und ich liebe es so, im Freien das Wasser abzuschlagen.«[52] Genau die gleiche Naturliebe und Lust, sein Wasser im Freien abzuschlagen, billigt Brecht seinem Puntila zu: »Ich könnt nicht in der Stadt leben. Warum, ich will zu ebener Erde herausgehen und mein Wasser im Freien lassen, unterm Sternenhimmel ...«[53]

Brecht ist offenbar über die Freude an der Arbeit am Puntila mitsamt seiner Sympathie für den zum Aussterben verurteilten Gutsherren erschrocken, denn er notiert: »Der Puntila geht mich fast gar nichts an, der Krieg alles; über den Puntila kann ich fast alles schreiben, über den Krieg nichts.«[54] Später, für die Aufführung am Berliner Ensemble, fügt Brecht korrigierend die Figur des roten Surkkala ein, der, im Unterschied zu Matti, ein wirklicher Proletarier mit Kampfgeist und Klassenbewußtsein ist, den Puntila deshalb auch rigoros entläßt. Eine Korrektur, die noch in der DDR ein wenig nach schlechtem Gewissen darüber schmeckt, daß ihm der Gutsbesitzer einst so sympathisch war.[55]

Das Stück hat als Folge dieser Sympathie nicht, wie man voreilig meinen könnte, weniger Entschiedenheit über den Verlauf der politischen Fronten zwischen Unterdrückern und Unterdrückten. Im Gegenteil: weil es einer fossilen, zum Untergang verurteilten Spezies bei aller überlebensgroßen Scheußlichkeit Gerechtigkeit und Größe zubilligt (wie das Tschechow mit seinen zum Aussterben verurteilten Gutsbesitzern und Parasiten tut), weil es zeigt, daß ein Menschenleben wie Puntila zwar in seiner gesellschaftlichen Rolle definiert, aber nicht ausgeschöpft ist, wirkt dieses Stück nicht nur reicher und überzeugender, sondern, in der Figur des Puntila und in den Figuren seiner »Bräute« (weniger schon in dem brav als Knecht im Herr–Knecht-Verhältnis reagierenden Matti) auch parteilicher, weil es von keinem theoretischen Über-Ich nur nach den Regeln des Weltprozesses abgefragt wurde, sondern weil es die reale Widersprüchlichkeit einer Figur akzeptierte und darstellte, statt sie als bloß beiläufige Schnörkel hinwegzustilisieren.

# Huren, Jungfrauen, Mütter

»Es hilft nur Gewalt, wo Gewalt herrscht, und
Es helfen nur Menschen, wo Menschen sind.«

*»Die heilige Johanna der Schlachthöfe«*, GBA III, 224

Der erste, noch vor 1933 datierte Anlauf zu dem späteren Parabelstück »Der gute Mensch von Sezuan« trägt den Titel »Die Ware Liebe«. Gesprochen hat dieser Titel den zynischen Doppelsinn, daß »wahre Liebe« diejenige sei, die Liebe als Ware betrachte. In »Der gute Mensch von Sezuan« ist die Heldin Shen Te daher auch eine Prostituierte.

Allerdings unterscheidet sie sich von den Huren, die in den Stücken des jungen Brecht auftreten und die mit ihrem Auftreten den antibürgerlichen Affekt des Stückeschreibers der zwanziger Jahre verraten.

Huren bei Brecht, das sind einmal die nicht unsentimental gezeichneten Opfer der Männerwelt (im »Baal«), die, mit ihrer Liebe alleingelassen, auf die schiefe Bahn geraten. Prostituierte bilden zum anderen in den frühen Stücken das höhnische Echo auf die sogenannte anständige Frau, die mit Gefühlskitsch verschleiert, daß auch sie ihre Liebe meistbietend verkauft. Um den Kontrast zu verstärken, billigt Brecht seinen Freudenmädchen echtere Gefühlsregungen zu als seinen bürgerlichen Damen.

Auch Shen Te besitzt ein tieferes Gefühl als etwa die Hausbesitzerin Mi Izü, mit der sie eine Zeitlang um den Flieger konkurriert. Merkwürdigerweise kontrastiert der Brecht der großen Parabeln die echte Liebe nicht nur mit dem

Warenschacher aus Geschäftsinteressen, der dem Brecht-Satz »Reich und reich gesellt sich gern« gehorcht, sondern auch mit der Geilheit, die dem jungen Autor noch als Tugend erschienen war, die er aber jetzt, ganz mit dem puritanischen Zug der kommunistischen Bewegung in Einklang, dem faulen Wohlleben und parasitären Ausbeutertum zuordnet. Brecht wußte aufgrund seiner Herkunft, wovon er sich distanzierte: Im Juni 1920 notiert der junge Brecht von seinem »Auf dem Kanapee-Herumlümmeln«: »Einmal ist die Anni Bauer da, abends, auf dem Atelier, wir trinken Schnaps unterm Lampion, ich zupfe die Geige, ich küsse sie, werde frech, aber sie riecht nach einem armen Mädchen und ich schicke sie heim. Auch habe ich Angst vor Go(norrhoe).«[56] Jedenfalls nimmt der Liebhaber, den der Geruch der Armut anwidert, hier den umgekehrten Klassenstandpunkt ein als der gleichnamige Autor.

Shen Te ist in dem Stück eine Prostituierte a. D., die sich mit dem Geschenk der Götter (die nehmen ironischerweise bei ihr ein Nachtlager in allen Ehren) anständig machen möchte, indem sie einen Tabakladen aufmacht.

Brecht wollte mit der Parabel eine moralische, das heißt: religiöse Legende vom Kopf auf die Füße stellen. Wenn Shen Te also Prostituierte ist, dann auch aus dem Grund, daß in frommen Legenden die Götter sich gerne die Ärmsten und Ausgestoßensten als Träger ihrer Aufgabe aussuchen. Daß Shen Te Hure ist, hat also Funktionsgründe. Jedoch nicht nur. Brecht sucht und findet auch den für ihn wohlvertrauten Kontrast, daß die Hure ihren stellungslosen Flieger ganz aufrichtig und gar nicht hurenhaft liebt, während der Flieger bei der Liebe hurenhaft fragt, was dabei für ihn herausspringe. Auf diese Weise zeigt Brecht auch, daß die Liebe ein Unglück ist, weil der Liebende aus der Welt der Interessen und Waren heraustritt und gerade dadurch der

Welt schutzlos ausgeliefert ist. In einer wölfischen Welt zu lieben, das grenzt an Selbstmord, zumindest führt es zum wirtschaftlichen Ruin, zum Bankrott.

Auch in diesem so gesehenen Sachverhalt steckt, neben der wohltuenden Korrektur einer weltenthobenen, die materiellen Verhältnisse überschwebenden Ideal- und Kitsch-Sicht der Liebe, ein guter Schuß Puritanismus. Genauer ausgedrückt: die gute, alte christliche Antithese zwischen Fleisch und Geist feiert in Brechts epischem Theater materialistische Urständ. Denn einmal ist Liebe in einer entmenschten Welt gefährlich, man kann sie sich daher nicht leisten. Dann jedoch ist sie privatistisch: sie zieht ein der Allgemeinheit zustehendes Gefühl von der Menschheit ab, um es auf einen einzelnen zu verschwenden. Für ihren Flieger betrügt Shen Te die guten Alten, die ihr gutgläubig ihr letztes Geld geliehen haben; für ihren Flieger hört sie auf, der Engel der Vorstädte zu sein. Und wenn die Wirtin vom Kelch in Brechts »Schweyk« vom jungen Prohaska geliebt und begehrt wird, dann verlangt sie als Liebesbeweis zumindest eine patriotische Tat.

Sicher kann und muß man sagen, daß Brecht in seinen Stücken von finsteren Zeiten handelte, die auch deshalb so finster waren, weil in ihnen nicht nur »ein Gespräch über Bäume«, sondern auch die Liebe als Verbrechen erscheinen muß, weil die Überwindung finsterer Zeiten der ungeteilten Anstrengungen aller bedarf. Aber man kommt nicht umhin zu konstatieren, daß Brecht seinen Frauenfiguren mehr und mehr die ursprüngliche Sinnlichkeit ausgetrieben hat: Grusches Liebe zu ihrem Soldaten im »Kaukasischen Kreidekreis« ist keusch bis in die Anrede in der dritten Person, Matti im »Puntila« will eine Frau nicht fürs Bett, sondern für den Herd. Und die anderen jungen Mädchen, die Brecht zu Helden seiner Stücke macht, sind von Beruf

Jungfrauen – jedenfalls in den Titeln der Stücke: als »Heilige Johanna der Schlachthöfe«, als erträumte Jungfrau von Orleans in den »Gesichten der Simone Machard«, als wirkliche Jeanne d'Arc im »Prozeß der Jeanne d'Arc zu Rouen 1431«.

Daß der Stückeschreiber sich gleich in drei Werken dem Thema der Jeanne d'Arc nähert, hat verschiedene Ursachen. Die wichtigste ist Brechts Anti-Haltung gegen die deutsche Klassik, besonders gegen Schiller. Es ist eine affektbeladene Gegenposition, der offenbar eine Begeisterung für Schillers gefühlsgeladenes rhetorisches Pathos vorausgegangen sein muß. Das schlägt sich nicht nur in den Rezensionen des jungen Augsburger Theaterkritikers Brecht nieder, sondern prägt auch das antithetische Beharren auf den Gegenpositionen des nicht-aristotelischen Theaters, die ihre Abschreckbeispiele eigentlich immer von Schiller herzuleiten scheinen.

Aus dem Schillerschen Himmel versetzte er seine heilige Johanna in die kapitalistische Hölle von Chikago. Daher ist das Stück »Die heilige Johanna der Schlachthöfe« das Werk Brechts, das seine eindeutigste Parodie der deutschen Klassik darstellt. Hölderlin-Verse, Schillers Apotheose der Jeanne d'Arc, die Brief-Daramaturgie etwa der »Räuber« oder des »Don Carlos« oder von »Kabale und Liebe«, das klassische Versmaß Goethes und Shakespeares – das alles parodiert Brecht in seinem großen Johanna-Drama.

Er parodiert die Klassik, um zeigen zu können, daß deren Themen Weltflucht waren oder geworden sind, daß sich die eigentlichen Tragödien heute auf dem ökonomischen Gebiet abspielen, die sogenannten Tragödien daher an der Börse veranstaltet würden. Er parodiert sie auch, um seiner Zeit vor Augen zu halten, daß das klassische Theater (abends) den schönen Schein zu liefern habe für das, was (tagsüber) ohne schönen Schein veranstaltet wird. Er kehrt diesen Sachverhalt mit sarkastischem Spott um, indem er den schmutzigen Geschäften des Tages das klassische Versmaß umhängt. Und er parodiert sie, um zu zeigen, daß das klassische Theater in seinen Augen die Wirklichkeit zu Legenden verklärt, die sich die Wirklichkeit nutzbar machen kann, wenn sie ihre wahren Beweggründe verschleiert und sich damit vor Veränderung schützt. All diesen Motiven verdankt das Chikagoer Heilsarmeemädchen Johanna Dark, eine der schönsten und bewegensten Bühnengestalten Brechts, ihr Leben.

Brecht braucht die religiöse Erregung der Vorlage, weil er Religion zwar als humanen Antrieb zum Kampf gegen das Elend gelten lassen will, gleichzeitig aber zeigen möchte, daß sie falsche Antworten aus richtigen Fragen produziert: »Der Glaube, der hier anempfohlen wird, ist ein folgenloser, was die Umwelt betrifft, und ihn anzuempfehlen, nennt die Johanna (am Schluß) ein soziales Verbrechen.«[57]

Brecht braucht die Schwache als Starke, um Johannas Kampf gegen den übermächtigen Mauler als Kampf Davids gegen Goliath darzustellen – und ihn als Legenden-Illusion zu verwerfen. Denn Brechts heilige Johanna ist eine Heldin, die scheiternd einsieht, daß es kein Einzelheldentum mehr geben kann und darf. Sie, die sich allein aufmacht, das Elend zu bekämpfen und die dabei glaubt, an Einsicht und Moral appellieren zu können, »lernt« in dem Stück, daß das Elend nur kollektiv zu bekämpfen ist und daß ihm nicht mit Moral, sondern nur mit revolutionärer Gewalt beizukommen ist.

Dies ist eine die Parodie übersteigende, dramatische Korrektur, die wiederum, wie in der Vorlage, nach einer Figur von idealisch naiver Kraft verlangt: Brechts Jungfrauen haben an Baals Egoismen nicht mehr zu tragen. Das bringt die

Figuren in die Gefahr, ins Märchenhafte zu entschweben, wenn die Darstellerin dieser Gefährdung nicht durch Komik und dem Kontrast zwischen Naivität und mutiger Wißbegier entgegenarbeitet. Von einer der letzten Johannas, der Ursula Karusseits in Benno Bessons Münchner Inszenierung konstatierte jedenfalls Joachim Kaiser, sie sei eine »Mischung aus positiv optimistischer Berliner Schnauze und mondsüchtigen Verzagtheiten«.[58]

Für die ebensowenig von der Welt befleckte Unschuld seiner Grusche im »Kaukasischen Kreidekreis« hat Brecht selbst das Gefühl gehabt, daß sie in den Himmel reiner Unschuld zu entschweben drohe: 1944 heißt es im Arbeitsjournal: »Plötzlich bin ich nicht mehr zufrieden mit der Grusche im ›Kaukasischen Kreidekreis‹. Sie sollte einfältig sein, aussehen wie die ›Tolle Grete‹ beim Breughel, ein Tragtier. Sie sollte störrisch sein statt aufsässig, willig statt gut, ausdauernd statt unbestechlich und so weiter und so weiter. Diese Einfalt sollte keineswegs ›Weisheit‹ bedeuten (das ist die bekannte Schablone), jedoch ist sie durchaus vereinbar mit praktischer Veranlagung, selbst mit List im Blick für menschliche Eigenschaften. – Die Grusche sollte, indem sie den Stempel der Zurückgebliebenheit ihrer Klasse trägt, weniger Identifikationsmöglichkeiten ermöglichen und so als in gewissem Sinn tragische Figur (›Das Salz der Erde‹) objektiv dastehen.«[59]

Und nachdem Brecht sich mit Feuchtwanger über die Figur unterhalten hatte, hält er fest: »Feuchtwanger wendet ein, daß die Grusche zu heilig ist. Er verlangt einen Auftrag für sie. Tatsächlich scheint es mir mißlungen zu sein, das Begehen der guten Tat als Unfall zu isolieren. Für Feuchtwanger floß sie einfach aus einer Eigenschaft ›Güte‹. Ich schreibe um.«[60]

Genützt hat es nicht viel: nicht als Salz der Erde objektiviert,

sondern als personifizierte Mütterlichkeit märchenhaft projiziert, so erscheint die Grusche auf der Bühne, schon als Erfindung eine Mutter ohne Unterleib, die einen untauglichen Eigentumsbegriff mit einem untauglichen Beispiel demonstriert – und daher aus der Mutterschaft eine Parthenogenese, eine Jungfernzeugung machen muß.
Grusche wird Mutter durch Güte, Shen Te muß schwanger böse werden, um ihr Kind vor dem Elend zu schützen – die Gestalt der Mutter ist die zweite dramatische Frauen-Figur, mit der sich Brecht von der dramatischen Bearbeitung von Gorkis Roman »Die Mutter« über die »Gewehre der Frau Carrar« bis zur »Mutter Courage« auseinandergesetzt hat. Seine Mütter sind ältere, ja alte Frauen. Auch in ihrem Leben spielt Sexualität keine Rolle (mehr). (Ob dies zwangsläufig so ist oder sich im Falle der »Mutter Courage« aus den beiden grandios prägenden Besetzungen mit Helene Weigel und Therese Giehse ergeben hat – darauf suchte der Brecht-Schüler Peter Palitzsch in Stuttgart eine Antwort, indem er die Rolle »verjüngt« besetzte, der Mutter durchaus eigene sexuelle Lebensinteressen zubilligend.)
Walter Benjamin hat unter der Überschrift »Ein Familiendrama auf dem epischen Theater« für die Gorki-Bearbeitung untersucht, was Brecht veranlaßt haben dürfte, sich dem Thema der Mutter zuzuwenden. Benjamin führt aus, daß der Kapitalismus, der doch vom Familienverband und dessen Intaktheit lebe, Bedingungen schaffe, unter denen jede Intensivierung des Familienlebens die Qual menschenunwürdiger Zustände verschärfe. Die Mutter habe in der Familie die eindeutigste soziale Funktion: sie produziere den Nachwuchs. »Die Frage des Brechtschen Stücks ist: Kann diese soziale Funktion zu einer revolutionären werden und wie?«[61] Benjamin geht anhand von Gorkis Vorwurf davon aus, daß die Familie »unter heutigen Umständen eine Orga-

nisation zur Ausbeutung der Frau als Mutter« sei und daß Pelagea Wlassowa, »Witwe eines Arbeiters und Mutter eines Arbeiters« gleich zweifach ausgebeutet würde, einmal als Angehörige der Arbeiterklasse, zum zweiten als Frau und Mutter. »Die zweifach ausgebeutete Gebärerin repräsentiert die Ausgebeuteten in ihrer tiefsten Erniedrigung. Sind die Mütter revolutioniert, so bleibt nichts mehr zu revolutionieren. Brechts Gegenstand ist ein soziologisches Experiment über die Revolutionierung der Mutter.«[62]

Ein soziologisches Experiment: von den großen Bühnenfiguren Brechts ist die Mutter eine Gestalt, an der sich deutlich verfolgen läßt, wie Brecht aus einer individuellen Gestalt einen soziologischen Typus formt – nicht *eine* Mutter ist Heldin des Dramas, sondern *die* Mutter. Nicht eine Mutter handelt unter bestimmten gegebenen Umständen auf eine bestimmte Weise, sondern so müßten, nach Brecht, alle Mütter auf die herrschenden Verhältnisse reagieren.

Brecht hat also das engste persönliche Verhältnis, das zwischen Mutter und Kind, zum allgemeinsten Verhältnis umgeformt. Weil Mütter wollen, daß es ihren Kindern wohlergeht, daß sie es auf der Erde besser haben, als es ihre Mütter hatten, gilt – dies der Lernprozeß der »Mutter« – gerade nicht, daß die Mutter nur für ihren Sohn zu sorgen hat. Statt dessen muß sie an den Verhältnissen arbeiten, denn nur wenn es allen Söhnen besser geht, wird es auch ihrem besser gehen. Und nur wenn alle Mütter so handeln, können die Verhältnisse für alle Söhne geändert werden. Gerade der private, »egoistische« Antrieb der Mutter-Sohn-Beziehung wird von Brecht ins Allgemeine, Klassenkämpferische »übertragen«: so erlischt der Kampf der Mutter für den Sohn auch nicht mit dem Tod des Sohnes – ganz im Gegenteil, Brecht formuliert die scheinbare Paradoxie, daß sie erst jetzt, wo die Aufgabe für den einen Sohn eigentlich hinfällig

geworden ist, allgemein mütterlich handeln kann, das heißt: als die Mutter aller Söhne.
Daß Brecht sein Stück so gemeint hat, daß ihn die allgemeine Beziehung Mutter–Sohn mehr interessiert als der individuelle Fall der Pelagea Wlassowa, geht schon allein aus der Änderung des Titels im ersten Bild von der ersten zur zweiten Fassung hervor: Hieß Bild 1 zunächst: »Früh am Morgen kocht die Mutter dem Sohn, der zur Arbeit geht, die Suppe«, so heißt es in der zweiten Fassung: »Die Wlassowas aller Länder« – eine Änderung, die nicht nur das Besondere ins Allgemeine erweitert, sondern sich dabei auch das kollektive Pathos des »Proletarier aller Länder, vereinigt euch!« zu eigen macht. Daß dieser revolutionäre Sachverhalt gemeint ist, hat Brecht aus Anlaß der New Yorker Aufführung von 1935 in einem Interview mit H. C. Loewe mit aller Deutlichkeit erklärt. Diesem Interview zufolge ist die Mutter »eine historische Biographie einer Arbeitermutter, die Entwicklung einer Frau aus dem Volke zur Revolutionärin.«[63] Das klingt, trotz der Verallgemeinerung in die Historie, noch nach individueller Biographie. Brecht betont daher in dem Gespräch, daß für ihn der »Gebrauchswert dieses individuellen Schicksals und anderer individueller Schicksale« nur der des Exempels sei.
Und anschließend trifft Brecht expressiv verbis noch einmal die pathetische Verallgemeinerung des Aufrufs »Proletarier aller Länder ...«: »Zur Erläuterung stellt Brecht selbst die Frage: ›Wieso die Biographie einer Arbeiterfrau? Warum das ›Schicksal‹ der einfachen Wlassowa?‹ Und antwortet: ›Heute sind die Wlassowas die Herren des sechsten Teils der Erde: sie haben den größten Sieg der Weltgeschichte erfochten; sie haben gezeigt, wie man solche Menschen wie die Arbeitermutter belehren kann und wie solche Frauen, wenn sie belehrt werden, *belehren* können.‹«[64]

Optimismus und Vernunftgläubigkeit waren bei Brecht nie stärker als in diesem Werk, wo das Interesse des einzelnen mit dem Interesse der Allgemeinheit so sehr zusammenfällt, so sehr eins wird, daß der einzelne zwar untergehen kann, genau dadurch aber seine Unzerstörbarkeit als Typus unter Beweis stellt. Von einer Figur, die eine Klasse repräsentiert, gibt es nur noch optimistische Tragödien. Wo Egoismus und Klasseninteresse, wo Mutterliebe und Menschheitsliebe zusammenfallen, gibt es nur noch eine Antinomie zwischen den Menschen und den zu ändernden Verhältnissen.
Aber Brechts Pelagea, die an den Verhältnissen und von den Verhältnissen lernt, um dann ihrerseits belehren zu können, ist die eine Mutter-Figur – und Mutter Courage, die trotz aller Erfahrungen nichts lernt, ist die andere. Gewiß, sie ist keine Proletarierin, sondern eine Marketenderin, also eine Gewerbetreibende, doch auch sie gehört zu den kleinen Leuten. Da sie, anders als die Wlassowa, versucht, in dem großen Geschäft des Krieges ihren privaten Schnitt zu machen, übersieht sie, daß ihr kleiner Vorteil in Wahrheit ihr großer Nachteil ist: zwischen ihrem Egoismus, der gleichfalls Mutterliebe ist, und dem allgemeinen Egoismus besteht eine Kluft, die sich im Krieg, als dem Geschäft der Großen, zunutze gemacht wird. Weil sie für ihre Kinder das Beste will, bereitet sie ihnen das Schlimmste, genauer: kann es mindestens nicht verhüten.
Der Antagonismus, in der »Mutter« optimistisch aufgehoben, hat sich wieder hergestellt, wenn auch in der Form der Parabel, die die Unbelehrbarkeit der Mutter Courage aufbietet, um den Zuschauer zu belehren.
Es offenbart sich auch hier ein Dilemma in der Erwartung und Haltung Brechtscher Figuren. Ausgangspunkt ist auch bei den Brechtschen Müttern, daß es zwischen ihrem Egoismus, ihrer individuellen Liebe zu den Kindern und den

Forderungen der Welt keinen Gegensatz, geschweige denn einen moralischen Gegensatz geben dürfte.
In einer der schönsten Brecht-Geschichten, in »Die unwürdige Greisin«, zeigt Brecht am Beispiel seiner Großmutter, wie eine alte Frau mit entschiedenem Egoismus versucht, ihr Leben, das sie bisher der Familie und den Kindern widmete, nachzuholen. In der Geschichte der alten Frau, die in ihren letzten zwei Lebensjahren, nach dem Tod des Großvaters, zum wachsenden Befremden ihrer Kinder ins Kino geht, in Gasthäusern ißt, Rotwein trinkt, sich in Gesellschaft »amüsiert«, plädiert der junge Brecht für selbsterhaltenden Genuß, gegen die geforderten Tugenden des Verzichts, die er schon mit dem ironischen Titel »Die unwürdige Greisin« verspottet. Und er resümiert: »Sie hatte die langen Jahre der Knechtschaft und die kurzen Jahre der Freiheit ausgekostet und das Brot des Lebens aufgezehrt bis auf den letzten Brosamen.«[65] Die Mutter, zu Beginn des Stücks 42 Jahre alt, am Ende des Stücks sechzig, in den Jahren der Entbehrungen und des Kampfes vorzeitig gealtert, darf und will ein solch »unwürdiges Leben« nicht mehr führen: sie ist damit gesegnet (oder dazu verdammt), nur noch das Richtige zu tun, weit- und hellsichtig zu sein, wie Mutter Courage dazu verdammt ist, bei all ihrer Gewitztheit immer das kurzsichtig Falsche zu tun. Beide verlieren dabei das, wofür sie gekämpft haben, eben ihre Kinder. Jedoch unterscheidet der Autor zwischen einem sinnvollen und sinnlosen Tod.
1956, also in seinem Todesjahr, schrieb Brecht für die Göttinger Aufführung der »Courage«: »Es wird jetzt, wo das deutsche Wirtschaftswunder und die Politik der Stärke in so drohender Weise Arm in Arm auftreten, besonders wichtig, die Courage als Händlerin zu spielen, die im Krieg ihren Schnitt machen möchte. Ihr Händlertum hält sie für

Muttertum, aber es zerstört ihre Kinder, eines nach dem anderen.«[66]

Während der Mutter zugebilligt wird, daß ihr Sohn im Klassenkampf stirbt, entzieht Brecht seiner Mutter Courage immer stärker die tragische Rechtfertigung, es sei doch der Krieg, der ihre Kinder verschlinge. Aus einer Figur ist eine Funktion geworden, aus dem Mutter-Sohn-Verhältnis eine Klassenfrage.

# *Das Theater*

# »Die Maßnahme« – Schlüsselstück Brechts?

»Wir bitten euch ausdrücklich, findet
Das immerfort Vorkommende nicht natürlich.«

*»Die Ausnahme und die Regel«*, GBA III, 237

Eine Woche vor seinem Tod, am 8. August 1956, unterhielt sich Brecht mit dem Komponisten Hanns Eisler und seinem Schüler Manfred Wekwerth über das »Theater der Zukunft«. Brecht plädierte für ein genießerisches, ja verschwenderisches proletarisches Theater: »Genüsse als Klassenkampf, Luxus als Revolution, Schnittlauch am Salat als Klassenbewußtsein.« Als ihn Wekwerth nach einem Stück fragte, das seiner, Brechts Meinung nach die Form der Zukunft darstelle, kam, wie aus der Pistole geschossen, die Antwort: »Die Maßnahme.«[1]

Das ist eine merkwürdige Antwort, merkwürdig in vielerlei Hinsicht. Denn einmal hatte Brecht das Stück, das er nun für sein am ehesten zukunftsträchtiges ansah, für Aufführungen gesperrt – eine Maßnahme gegen die »Maßnahme«, an die sich die Brecht-Erbwalter bis heute halten. Und er hatte für die Bühnenverbannung die seltsame Begründung gefunden, daß aus der Aufführung niemand etwas lernen könnte außer dem Darsteller des jungen Genossen. Ein Stück für die Zukunft, aus dem nicht einmal die Schauspieler, geschweige denn die Zuschauer etwas lernen könnten?

Zum anderen nimmt sich die »Maßnahme« seltsam als Quintessenz in einem Plädoyer für ein Theater der Genüsse aus. Das Lehrstück von 1930, zusammen mit Eisler und Dudow für ein Arbeitersängerfest von KPD-Mitgliedern geschrieben, ist das kälteste, in seinen Konsequenzen unsinnlichste Stück Brechts, das die absolute Unterwerfung des Individuums gegenüber dem Kollektiv bis zur bejahten Selbstauslöschung und Selbstvernichtung beschreibt. Soll aber das Wort Genuß nicht völlig um seinen Sinn gebracht werden, dann ist es an den individuellen Hedonismus gebunden, für den Brecht immer wieder plädierte, den er in Einklang mit einer Welt bringen wollte, auch um den Preis, die Welt und nicht die Genußsucht zu verändern, und dem er in der »Maßnahme« einen radikalen Strich durch die Rechnung machte: Das Lehrstück wirkt also eher als Ausnahme in Brechts Werk, als Stück einer radikalen, ja unmenschlichen Selbstdisziplinierung, mit der sich Brecht der Partei andiente und unterordnete, deren Mitglied er nie wurde.

Und dennoch ist die »Maßnahme« das Schlüsselwerk für die Widersprüche und Spannungen, die sich in der Person und den Schriften des wirkungsreichsten Dramatikers unseres Jahrhunderts ausdrücken.

Im schwedischen Exil verzeichnet Brecht unter den wenigen Habseligkeiten, die »ich besitze« am 8. 12. 1939 auch »6 Bretter von Neher DIE MASSNAHME«.[2] Die Theaterarbeit mit Caspar Neher und Eisler an der »Maßnahme« muß für ihn ein wichtiges Schlüsselerlebnis gewesen sein.

Als er in den USA vor McCarthys Kongreß-Ausschuß gegen unamerikanische Umtriebe erscheinen muß, wird ihm vom Ankläger passagenweise aus der »Maßnahme« vorgelesen. Brecht verteidigt sich mit der ihm eigenen List, aber ohne sein Werk grundsätzlich zu verleugnen.

Auf die im chinesischen kommunistischen Kampf gegen die Kuomintang angesiedelte Fabel angesprochen, verweist Brecht auf das formale japanische Vorbild, den Inhalt schildert er, abstrahierend, als Hingabe an eine Idee; nicht um einen disziplinarischen Mord gehe es, sondern um eine Selbstauslöschung. Gewiß, so gibt er zu, sei die Grundlage des Stücks marxistisch; aber, so wendet er ein, ohne diese Grundlage könne man Stücke historischen Inhalts nicht einigermaßen intelligent schreiben.

Diese Antworten sind, so darf man vereinfacht sagen, Ausrede und Wahrheit zugleich: Ausrede, weil hier der Stückeschreiber auf die Technik ausweicht, so als wäre sie etwas, was den Inhalt formal erzwänge; Wahrheit, weil sich der Stückeschreiber mit der »Maßnahme« auch eine Technik und eine Parteilichkeit verordnete (um sich ihr unterzuordnen), die ihn unter Aufsicht nahm: Der »böse Brecht, der asoziale«, der bis dahin den wölfischen Egoismus zumindest als ehrliche Antwort auf eine wölfische Welt ansah, dieser Brecht ordnet sich mit der »Maßnahme« bis zur Selbstauslöschung einer sozialen Idee unter.

1928, zwei Jahre vor der »Maßnahme«, notiert Brecht, nach der Lektüre von Augustinus: »Er behandelt seine Religion wie sein Steckenpferd. Sehr viel erwartet er sich von der Keuschheit. Was die betrifft, glaube ich übrigens, daß wir eine ganz mangelhafte und plumpe Anschauung über die Gewinne haben, die man aus ihr ziehen kann.«[3] Man kann es auch so sagen: Mit der »Maßnahme« versuchte der anarchische Individualist Brecht bis dato ungeahnte Gewinne aus einer kollektiven Keuschheit zu ziehen.

Und dennoch sitzt das Verfahren der »Maßnahme« unendlich viel tiefer im Selbstverständnis ihres Verfassers. Brecht hat hier, im Lehrstück, erstmals eine Instanz geschaffen, der er sich, wie sein Held und Unheld, der junge Genosse, unterzuordnen gedenkt: Das Gericht des Kontrollchors, das, gestützt auf die Lehren der marxistischen Klassiker, in letzter unumstößlicher Wahrheit über Schuld und Nichtschuld entscheidet.

So kalt und unfehlbar hat Brecht nie vorher und nie nachher ein Gericht auf die Bühne gestellt. Wie ernst es ihm damit war, geht aus einem Gespräch hervor, das er im Juli 1934 mit Walter Benjamin führte. »Ich denke«, so Brecht im Laufe des Gesprächs, »oft an ein Tribunal, vor dem ich vernommen werden würde. ›Wie ist das? Ist es Ihnen eigentlich ernst?‹ Ich müßte dann anerkennen: ganz ernst ist es mir nicht. Ich denke ja auch zu viel an Artistisches, an das, was dem Theater zugute kommt, als daß es mir ganz ernst sein könnte. Aber wenn ich diese wichtige Frage verneint habe, so werde ich eine noch wichtigere Behauptung anschließen: daß mein Verhalten nämlich erlaubt ist.«[4]

Ein imaginäres, höchstes Tribunal – und Antworten, die doch den späteren vor dem Kongreßausschuß gegen unamerikanische Umtriebe nicht unähnlich sind. Brecht unterscheidet im darauffolgenden Gespräch mit Benjamin zwischen visionären Dichtern, denen es ganz ernst sein müsse, und Parabeldichtern, denen es nie ganz ernst sein dürfe. Ein visionärer Dichter, als Beispiel wird Kafka gewählt, entscheide und schreibe aus dem Gefühl, Kafka aus dem Gefühl der Angst vor der Entfremdung der Menschen zu einem Ameisenstaat. Eine gewisse Form der Entfremdung, etwa den GPU-Staat, habe Kafka vorausgesehen, eine Lösung aber habe er nicht gefunden und sei aus seinem Angsttraum aufgewacht.

Nun haben nicht nur antimarxistische Kritiker in der »Maßnahme« auch so etwas wie eine Vorausahnung des GPU-Staates gesehen. Tatsächlich wird die Auslöschung des jungen Genossen von seinen Parteifreunden vorgenommen, nachdem er ihr selbst ausdrücklich zugestimmt hat: Er verhält sich also nicht anders als viele Angeklagte in den späteren Moskauer Schauprozessen von 1936, die für ihre eigene Vernichtung plädieren mußten (und das wohl zum Teil auch wollten).[5]

Brecht aber will, daß sich diese »Vision« in eine »Parabel« verwandelt, sein Spiel wird zum Gedankenspiel, zum Lehrstück, das die Angst schon dadurch ausschließt, daß es den Widerstreit zwischen Vernunft und Gefühl zum Thema macht und die Vernunft das Gefühl verurteilen läßt.
In der »Maßnahme« treten vier Agitatoren vor den Kontrollchor, der ihre Arbeit als »glücklich«, will sagen: geglückt, bezeichnet, weil die Revolution, die sie in einer chinesischen Stadt in Gang setzen sollten, marschiert. Doch die vier Agitatoren müssen den Tod eines Genossen vermelden, den sie selbst erschossen und in die Kalkgrube geworfen haben. Der Kontrollchor fordert die vier auf, darzustellen, wie und warum es geschah. Die vier Agitatoren erklären darauf, daß sie das Urteil des Kontrollchors in jedem Falle anerkennen würden.
Aus diesem Anfang ergeben sich formale und thematische Konsequenzen, die eng miteinander verknüpft sind und die in die Problematik von Brechts Werk führen.
Erstens: Die Handlung des Lehrstücks ereignet sich nicht direkt, sondern wird von einem Gericht spielend reproduziert. Der Zuschauer erlebt sie als Spiel im Spiel, als distanziert Urteilender. Das Verfahren ist das gleiche, wie es Brecht, als Grundlage des epischen Theaters, in der »Straßenszene« geschildert hat. Sein Ziel war dabei, daß der Zuschauer, wie wenn ihm unbeteiligte Passanten einen Verkehrsunfall nachträglich rekonstruierend vorspielen, zu einem Urteil kommt, anstatt an dem Vorfall beteiligt, dieses als Sensation, als vorgeführtes Schicksal zu erleben.
Seine Mittel waren dabei eine Verdeutlichung durch Verallgemeinerung, kurz: durch Parabolisierung. Nicht das Zufällige, Unwichtige wird dabei gespielt, sondern nur das Wesentliche, für den Unfall Entscheidende. Nicht mit Einfühlung wird vorgespielt, sondern mit Mitteln verdeut-

lichender Übertreibung, die den Zuschauer auf das Wesentliche lenken.

Man kann, wenn man so will, die Gerichtsszenen in diesem Lehrstück als das konsequenteste erste Beispiel des epischen Theaters betrachten. Schon den ersten Kritikern und Zuschauern der »Maßnahme« fiel das Neue des Verfahrens auf, das sie mit der Rückblende im Film verglichen, mit der es in der Tat viel zu tun hat – nur daß die Brechtschen Rückblenden der Gerichtsszenen der »Maßnahme« nicht in einer »photographierten«, sondern in einer abstrahierten Realität stattfinden: sie *sind* nicht das, was war, sondern verkürzen und *deuten* das, was war.

Zweitens: Das Brechtsche Verfahren des »Spiels im Spiel« schafft nur scheinbar eine objektivierende Distanz. In Wahrheit wirkt die Objektivität gefingert, weil die Tat nur aus der Perspektive der Täter gespielt und rekonstruiert wird. Wollte man spitzfindig sein, so könnte man sagen, daß nicht einmal als gesichert anzunehmen ist, daß der Ermordete mit seiner Ermordung einverstanden war, denn der Zuschauer erfährt das, wie der Kontrollchor, nur dadurch, daß einer der Erschießer den Erschossenen als einverstanden darstellt.

Anders ausgedrückt: Brecht hat in der »Maßnahme« zum ersten Mal Personen auf die Bühne gestellt, die behaupten, im Vollbesitz der objektiven Wahrheit zu sein, ja die objektive Wahrheit verkörpern wollen. Anders könnten sie nicht Angeklagte und Zeugen zugleich sein.

Drittens: Noch vor Beginn des Gerichtsverfahrens wird das Urteil als absolut gültig anerkannt. Da auch das Gericht die (gespielten) Szenen als absolut gültig anerkennt, sind Richter und Gerichtete in Wahrheit eins. Brechts »Maßnahme« ist ein Stück ohne Antagonismen, jedenfalls so, wie es sich auf der Bühne ereignet. Antagonismen kommen nur als »Spiel im Spiel« vor: sie sind festgefroren und damit beseitigt von dem Einverständnis, das zwischen Richtern und zu Richtenden besteht.

Brecht hat sich in den Lehrstücken auf japanische und chinesische Vorbilder berufen, sicher mit Berechtigung. Den Brecht-Kritikern und -Interpreten ist bei der »Maßnahme« von Anfang an mehr die Verwandtschaft mit den barocken Heils- und Erlösungsdramen oder den Jesuitendramen mit ihrer religiösen Propaganda aufgefallen, die in ihrer vorausgesetzten Heilsgewißheit ebenfalls alle Antagonismen zum vorübergehenden Spielmaterial degradieren.

Was wird nun vor diesem Gericht rekonstruierend gespielt? Der junge Genosse, der zu den vier aus Moskau kommenden Agitatoren stößt, ihnen aus Idealismus seine Mitarbeit anträgt, versagt und gefährdet damit den Parteiauftrag und so letztlich die Revolution. Als erstes unterweisen sie ihn in Unterwerfung, machen ihm klar, daß sie nicht Hilfe bringen, sondern durch Forderungen vorübergehend das Elend vergrößern müssen. Nicht Hilfe, sondern die Lehre der »Klassiker« soll er verbreiten. Das Nahziel wird dem Fernziel untergeordnet.

Es erfolgt die Auslöschung, die Unkenntlichmachung der Individualität (Auslöschung des Gesichts): »Wer für den Kommunismus kämpft, der muß kämpfen können und nicht kämpfen; die Wahrheit sagen und die Wahrheit nicht sagen; Dienste erweisen und Dienste verweigern; Versprechen halten und Versprechen nicht halten. Sich in Gefahr begeben und die Gefahr vermeiden; kenntlich sein und unkenntlich sein. Wer für den Kommunismus kämpft, hat von allen Tugenden nur eine: daß er für den Kommunismus kämpft.«[6]

Nun beginnen die Fehler des jungen Genossen. Bei den Reiskahnschleppern, die nicht nur unter der Schwere ihrer Arbeit schier umkommen, sondern zusätzlich noch auf dem glitschigen Uferboden ausrutschen, hilft der junge Genosse den Schleppern aus Mitlied: indem er einem Kuli einen Stein in den Schlamm legt. (Die späteren Varianten der »Fehler«, die sich oft auch, wie Steinweg in seinem Buch über die Lehrstücke nachgewiesen hat, an der momentanen Taktik der KPD zu orientieren suchten, können hier unberücksichtigt bleiben.) Dadurch erkennt ihn der Aufseher und jagt ihn sowie die Agitatoren aus dem Stadtviertel. Weil er mitleidig war, konnte die Propaganda nicht stattfinden: der junge Genosse hatte das »Gefühl über den Verstand gestellt«.

Zweiter Fehler: Als beim Flugblattverteilen ein Unschuldiger statt seiner verhaftet wird, gibt er sich zu erkennen, es entsteht ein kurzlebiger Streik in der Fabrik, wieder werden als Folge die Agitatoren verjagt: Er hatte ein kleines Unrecht verhindert, aber das große Unrecht, der Streikbruch, ging weiter.[7]

Dritter Fehler: Der junge Genosse soll mit dem Reishändler ein kurzzeitiges gemeinsames Bündnis gegen die englischen Schutzzölle bilden und daher mit dem Ausbeuter friedlich zu Tisch sitzen (hier ist parabolisch das Bündnis zwischen chinesischen Kommunisten und Kuomintang gegen ausländische Invasoren und Kolonialisten gemeint). Wieder geht mit ihm der Gaul der Gerechtigkeit durch, er verweigert die Tischgemeinschaft, als der Händler unmenschlich (ausbeuterisch) redet: »Umarme den Schlächter, aber/Ändere die Welt: sie braucht es!«[8] (Hier konnte sich später unschwer eine Rechtfertigung des Stalin-Hitler-Paktes ablesen lassen. In Brechts »Arbeitsjournalen« gibt es allerdings zum Stalin-Hitler-Pakt nur verstörte oder mißbilligende Kommentare.)

Vierter Fehler: Angesichts des Elends hält sich der junge Genosse nicht an den Beschluß, mit der Revolution zu warten, sondern zerreißt seine Maske und zeigt sein menschliches Gesicht. Dadurch müssen er und die Agitatoren aus der Stadt fliehen. Da sie wegen der sich ausbreitenden Unruhe gesucht werden und durch ihn erkannt und am Parteiauftrag gehindert werden, töten sie ihn und werfen ihn in die Kalkgrube, nicht ohne ihn vorher um sein Einverständnis zu bitten.

Wolfgang Schivelbusch, der in dem Einverständnis gleich eine neuartige Tragik erkennen will, kommt zu einem Satz, dessen makabre Inhumanität nicht zu überbieten ist: »Das Neuartige ist die brüderliche Form der Vernichtung.« Brüderliche Vernichtung avanciert dann auch gleich noch zur Humanität: »Die Humanität, die vorzeitige, die die Revolution an sich selber vernichtet, erscheint nun in der, dialektisch gesagt, humanen Vernichtung.« Und weiter: »›Maßnahme‹ reflektiert so die kommunistische Überzeugung, daß die kommunistische Realpolitik – die Realpolitik werden mußte, weil sonst keine Chance bestünde, sich gegen die Inhumanität des Gegners durchzusetzen –, daß diese kommunistische Realpolitik *in* ihrer realpolitisch erforderten Inhumanität doch wieder kommunistische Humanität erscheinen läßt. Diese Einheit der Widersprüche erscheint in der Solidarität, der Zärtlichkeit, der Liebe, dem Einverständnis, mit dem der junge Genosse von seinen Genossen getötet wird.«[9] Es mag solchen Interpreten wie humanistisches Gefasel klingen, wenn man sagt, daß auch die Scheiterhaufen der Inquisition aus Zärtlichkeit und Liebe für die zu rettende Seele brannten.

An Brechts »Maßnahme« ist immer wieder ihre dialektische Konsequenz gerühmt worden: ein Stück ohne Schnörkel, mit einer gradlinigen Fabel, die den Grundwiderspruch zwischen den einzelnen und dem Kollektiv, zwischen Taktik und Spontaneität, Parteigehorsam und menschlicher Regung, kurzatmig schneller Hilfe und langfristiger Befreiung, Freiheit und Notwendigkeit, Verstand und Gefühl dialektisch sichtbar macht.

Trotzdem sind diejenigen, denen das Stück als programmatischer Beitrag und Ausdruck einer lebenslangen Parteinahme zugeschrieben war, mit der »Maßnahme« nie recht froh geworden. Die Argumente, die von Kommunisten gegen das Stück erhoben wurden, gehen einmal dahin, daß das Stück nicht kommunistisch, sondern jesuitisch sei, indem es, gerechtfertigt durch die Unangreifbarkeit der »Klassiker« (gemeint sind Marx, Engels, Lenin) und die Allwissenheit der Partei (»Der Einzelne hat zwei Augen/ Die Partei hat tausend Augen«), die Taktik über die Moral stellt, also im Grunde folgert, daß der Zweck die Mittel heilige. Am deutlichsten wird da Ruth Fischer: »Das Stück, eine Parabel, die die Vernichtung der Parteiopposition darstellt, ist eine Vorwegnahme der Moskauer Prozesse ... Die Niederlage in China und die darauffolgende Parteisäuberung werden in Deutschland dazu benutzt, der Partei Unterwürfigkeit gegen Moskau und Passivität gegen die Nazis einzuimpfen.«[10]

Alfred Kurella formuliert den zweiten, wesentlicheren Einwand: Brechts »Maßnahme« sei ein Stück, das den Primat des Verstandes über das Gefühl postuliere: »Gefühl und Verstand werden hier als selbständige, sich aus sich selbst bewegende Kategorien dargestellt. Sie werden vom Standpunkt des reinen Idealismus aus betrachtet. Ihre Gegenüberstellung ist nicht dialektisch, sondern metaphysisch.[11] Und Kurella folgert, daß die »Maßnahme« in dieser idealistischen Darstellung ein »typisches kleinbürgerliches, intellektualistisches« Werk sei.[12] Ähnliche Schlüsse zog Brechts Erzfeind, der Literaturtheoretiker Georg Lukács, der meinte, das Stück bleibe »abstrakte Predigt«, »Tendenz«, weil es »die strategisch-taktischen Probleme der Partei« in »ethische Probleme« verenge.[13]

Auch nichtkommunistische Interpreten wie Herbert Lüthy verurteilen das Stück, sehen aber, wie Brechts Biograph Klaus Völker, die »Maßnahme« als Schlüsselstück dafür, warum sich Brecht dem Marxismus anschloß. Völker formuliert es positiv so: »Er wurde nicht Kommunist, weil er sich nach seiner etwas anarchistischen Vergangenheit ›mit irgend etwas identifizieren wollte oder mußte‹, sondern weil er entdeckte, daß die marxistisch-leninistische Theorie für seine schriftstellerische Arbeit eine neue Qualität einbrachte.«[14]

Lüthy argumentiert negativ so: Brecht habe nicht die Arbeiterbewegung interessiert, nicht der revolutionäre Kommunismus, den er nie gekannt habe, »sondern das neue Byzanz zog ihn an, die starre, hierarchische, auf die Unfehlbarkeit des Chefs gegründete Staatskirche; nicht die Idee, sondern die Organisation als Selbstzweck, die nackte Machttechnik als großartiger Rahmen und Vorwurf eines düster sakralen Maskenspiels.«[15] Und entgegengesetzt zu Völker: Brecht sei »nach den expressionistischen Ausschweifungen seiner Jugend zur starren Rationalisierung des barocken Jesuitendramas – wie zur Ordensmoral vom Zweck und den Mitteln – mit seinem eindimensionalen Oben und Unten von Himmel, irdischem Jammertal und Hölle zurückgekehrt.«

Seit der »Maßnahme« jedenfalls ist Brecht ein marxistischer Schriftsteller, ob ihm das nun, wie seine Verehrer meinen, eine neue Qualität eingebracht oder, wie es die wieder wachsende Zahl seiner Verächter behauptet, um ursprüngliche Qualitäten gebracht hat.

Die Entscheidung für den Marxismus war auch eine Entscheidung des Schriftstellers Brecht – egal nun, ob man sie als den Zopf ansieht, mit dem er sich aus dem expressionistisch anarchistischen Sumpf der eigenen Vergangenheit ziehen wollte oder als das Korsett, mit dem er seine Zukunft sinnvoll einbinden wollte.

Man weiß es aus dem Beispiel anderer expressionistischer Weggefährten des Stückeschreibers, daß sie ohne dieses Rüstzeug entweder den Nazis widerstandslos in die Arme liefen oder zumindest zur Bekämpfung der Nazis weit weniger beizutragen hatten als Brecht. Brechts historische Entscheidung für den Kommunismus war, für sein Leben wie für sein Werk, die konsequente Entscheidung gegen den Faschismus.

Wie alle konsequenten Entscheidungen hatte sie ihren Preis. Der Autor, der nach seiner ganzen Herkunft und Anlage jegliche Art von Heroismus und Pathos belächelte und parodierte, der dem Bauch sein Recht gegen den Kopf verteidigen, der als Schweykscher Knödel im Hals des Idealismus stecken bleiben, als Sancho Pansa alle Donquichotterien auf ihre Realitäten reduzieren wollte, wurde schon in der »Maßnahme« zum Prediger eines Idealismus, der das Wort »dialektisch« eher wie ein schnurrender Mechanismus wegspielen möchte als daß er ihn aufhöbe.

In seiner Jugend, in den Augsburger Theaterkritiken, hatte Brecht Schillers Don Carlos als »schöne Oper« respektvoll verhöhnt. Im »Don Carlos« scheitert der Revolutionär Posa, weil sein Verstand von dem Gefühl seines Freundes Carlos überschwemmt wird und damit seine politischen Pläne verraten sind. Man braucht nur die Niederlande durch China zu ersetzen, um zu sehen, wie nahe die »Maßnahme« dieser »schönen Oper« steht. Reinhold Grimm hat die Schiller-Nähe der »Maßnahme« aus der Dramentheorie hergeleitet: Schiller setze für die Tragödie einen »Kollisionsfall« voraus, bei dem eine moralische Pflicht übertreten werden müsse, um einer höheren Pflicht nur um so gemäßer handeln zu können. Darauf hat Iring Fetscher eingewandt, daß Brechts Genosse ganz im Gegensatz zum Schiller-Helden gerade die höhere Pflicht verletze. Henning Rischbieter möchte die von Grimm in Schiller-Nähe gerückte Brecht-Parabel auf andere Weise wieder auf Distanz zur Klassik bringen: der junge Genosse stehe, anders wie ein Schiller-Held, gar nicht im Zentrum des Stücks. Man ist versucht zu sagen: auch bei Schiller steht im Zentrum häufiger eine Idee als ein Held, den sie oft überwältigt.

## Die Theorie

»*Der Philosoph* wünscht das Theater rücksichtslos für seine Zwecke zu verwenden. Es soll getreue Abbilder der Vorgänge unter den Menschen liefern und eine Stellungnahme des Zuschauers ermöglichen.«

*»Der Messingkauf«*, GBA XXII, 696

Was Brecht, was der junge Brecht von Literaten als Salonkommunisten, also auch von einem gefährdeten Teil des eigenen Ich, hielt, hat er im Gedicht »Der Theaterkommunist« mit aller nötigen Deutlichkeit gesagt:

»Eine Hyazinthe im Knopfloch
Am Kurfürstendamm
Empfindet der Jüngling
Die Leere der Welt
Auf dem Klosett
Scheint es ihm deutlich, er
Scheißt ins Leere
Müde der Arbeit
Seines Vaters
Befleckt er die Cafés
Hinter den Zeitungen
Lächelt er gefährlich
Er ist es, der
Diese Welt zertreten wird wie
Ein Kuhflädchen
Für 3000 Mark im Monat
Ist er bereit
Das Elend der Massen zu inszenieren

Für 100 Mark im Tag
Zeigt er
Die Ungerechtigkeit der Welt«[16]

In einer autobiographischen Aufzeichnung von 1935 beklagt sich Brecht, daß er, obwohl schon jahrelang ein namhafter Schriftsteller, lange nichts von Politik gewußt habe. Erst ein »Betriebsunfall« habe ihn dazu gebracht, Marx zu lesen, nämlich als er gemerkt habe, daß er die Geschäfte der Weizenbörse in Chikago nicht verstünde, die er für ein Stück gebraucht habe: »Das geplante Drama wurde nicht geschrieben. Statt dessen begann ich Marx zu lesen, und da, jetzt erst, las ich Marx. Jetzt wurden meine eigenen zerstreuten praktischen Erfahrungen und Eindrücke richtig lebendig.«[17] Brecht wollte keiner dieser unverbindlichen Kaffeehaus-Kommunisten sein, die für hundert Mark am Tag die Ungerechtigkeit der Welt beschreiben, weil das für die Welt nicht von Nutzen sein könne. Er hat daher seine Arbeit praktisch ausgerichtet und theoretisch fundiert, mit anderen Worten: sich ein Lebens- und Schreibprogramm auferlegt, das die marxistische Philosophie auf dem Theater verwirklichen sollte. Wie sein Vorbild Marx hatte er dabei die Praxis vor Augen. Hatte Marx gemeint, die bisherige Philosophie habe die Welt nur erklärt, er aber wolle zu ihrer Veränderung beitragen, so beabsichtigte Brecht das gleiche für das Theater: sein Theater sollte die Welt nicht interpretieren, sondern verändern.
Brechts Theatertheorie läßt sich dieser Veränderungsabsicht subsumieren. Die Verfremdung ist, darauf hat Ernst Bloch hingewiesen, ein Korrelat zur Entfremdungstheorie, der Verfremdungseffekt stellt auf dem Theater wieder her, was die Entfremdung auseinandergerissen hat. Das epische, auch dialektische Theater entspricht dem historischen und

dialektischen Materialismus, indem es die Welt erklärt, der Einsicht statt dem Gefühl zugänglich machen will. Es ist ein Theater, das die Wirklichkeit in der Veränderung zeigt und damit für Veränderung plädiert und so weiter und so fort. Wie jede neue Theorie brauchte auch die Brechtsche Theatertheorie ein Trampolin, von dem aus sie ihre neuen Erkenntnis-Figuren vollführen und »begründen« konnte. Brecht hat also sein neues Theater gegen das alte Theater abgesetzt, das er als das aristotelische Theater, auch als Einfühlungstheater, als herkömmliches Theater, als kulinarisches Theater bezeichnete.

Brecht ist nicht müde geworden, zwischen seinem neuen und dem alten Theater immer wieder Unterschiedspaare zu bilden, um das Neue Ungewohnte gegenüber dem Alten Gewohnten abzuheben. Entscheidend bleibt aber, was Brecht Ende der zwanziger Jahre so formuliert hat: »Das Wesentliche am epischen Theater ist es vielleicht, daß es nicht so sehr an das Gefühl, sondern mehr an die Ratio des Zuschauers appelliert.«[18]

Dieser Unterschied zwischen Gefühl und Ratio, den Brecht später, etwa im Zusammenhang mit dem »Galilei«, wieder dialektisch aufzuheben versuchte, ändert durch die Haltung des Theaters die Haltung des Zuschauers. Sagt der Zuschauer des dramatischen Theaters: »Ja das habe ich auch schon gefühlt«, so sagt der Zuschauer des epischen Theaters: »Das hätte ich nicht gedacht«, stellt er im dramatischen Theater fest, »so bin ich«, so lernt er im epischen, »so darf man es nicht machen«. Denkt er im herkömmlichen Theater: »Das ist natürlich. Das wird immer so sein«, so meint er im epischen: »Das ist höchst auffällig, fast nicht zu glauben.«[19]

Als Gegensätze zwischen dem aristotelischen und dem nichtaristotelischen Theater nennt Brecht: »Der Mensch fliegend – Der Mensch eifersüchtig; Der Mensch Brücken bauend – Der Mensch ehrgeizig; Der Mensch Kriege führend – Der Mensch im Gewissenskonflikt; Der Mensch ausbeutend – Der Mensch selbstlos«[20] und stellt so für die eine Theaterform objektive, für die andere subjektive Kategorien in den Vordergrund.

Daß der Zuschauer nicht nur verändert, sondern aktiviert werden soll, macht Brecht im »Kleinen Organon für das Theater« klar: »Die Haltung ist eine kritische. Gegenüber einem Fluß besteht sie in der Regulierung des Flusses; gegenüber einem Obstbaum in der Okulierung des Obstbaums, gegenüber der Fortbewegung in der Konstruktion der Fahr- und Flugzeuge, gegenüber der Gesellschaft in der Umwälzung der Gesellschaft.«[21]

Hier darf man – nur um den Wechsel von Zeitstimmungen wenigstens zum Anklingen zu bringen – einfügen, daß Brechts Theorie von einem ungeheuren und ungebrochenen Aufbruchsoptimismus geprägt wurde, während wir einer Welt gegenüberstehen, die wir inzwischen vor allzu heftigem Flußregulieren, Bäumeokulieren und Fahrzeugekonstruieren fast schützend bewahren zu müssen glauben.

Obwohl Brecht später den Begriff des epischen Theaters durch den Begriff des dialektischen Theaters ersetzen wollte[22], darf man diese feinsinnige Unterscheidung schon deshalb übersehen und übergehen, weil Brecht damit sich selbst glauben machen wollte, daß die gesellschaftlichen Veränderungen in der DDR auch bereits einen neuen Zuschauer produziert und geformt hätten, für den das epische Theater zugunsten des dialektischen Theaters ausgestanden sei.[22a] Jetzt rutschen auf einmal auch die Emotionen wieder ins Theater, die Brecht ihm theoretisch ausgetrieben hatte, indem sie gereinigt vorgezeigt werden: »So gibt es sehr verschiedene Formen der Vaterlandsliebe, darunter sehr edle und ganz gemeine.«[23] Oder wie Ernst Schumacher kommentiert: Brecht lehne Emotionen nur so lange ab, als sie »durch die Bedingungen der kapitalistischen Gesellschaft pervertiert würden«.[24]

Trotzdem bleiben die Gegensatzpaare im Prinzip lebendig, die Brecht bereits für »Mahagonny« aufgestellt hatte: »(Die) *Dramatische Form des Theaters* (ist) handelnd – (die) *Epische Form des Theaters* erzählend; verwickelt den Zuschauer in eine Bühnenaktion, verbraucht seine Aktivität – macht den Zuschauer zum Betrachter, aber weckt seine Aktivität; ermöglicht ihm Gefühle – erzwingt von ihm Entscheidungen; Erlebnis – Weltbild; Der Zuschauer wird in etwas hineinversetzt – er wird gegenübergesetzt; Suggestion – Argument; Die Empfindungen werden konserviert – bis zu Erkenntnissen getrieben; ... Der Mensch als bekannt vorausgesetzt – der Mensch ist Gegenstand der Untersuchung; Der unveränderliche Mensch – Der veränderliche und verändernde Mensch; Spannung auf den Ausgang – Spannung auf den Gang; Eine Szene für die andere – Jede Szene für sich; Geschehen linear – in Kurven; evolutionäre Zwangsläufigkeit – Sprünge; Der Mensch als Fixum – Der Mensch als Prozeß; Das Denken bestimmt das Sein – Das gesellschaftliche Sein bestimmt das Denken ...«[25]

Diese Punkte, in deren Formulierung sich wohl auch die Freude des Neuerers an möglichst vielen Gegensatzpaaren niederschlägt, machen eines zusätzlich deutlich: nämlich, wie sehr Brecht eher dualistisch als dialektisch zwischen Gefühl und Verstand einen Theatergraben konstruierte. Wenn er formuliert, daß das »dramatische Theater« die »Triebe«, das epische Theater aber die »Beweggründe« des Menschen zeige, so steckt in dieser Entgegensetzung ein ebenso schöner wie hoffnungsloser Vereinfachungsvorgang, der da meint, Beweggründe ohne Triebe seien auch nur in der Retorte denkbar, und verschweigt, daß auch das bishe-

rige Drama zeigte, wie sich die Triebe die für sie geeigneten Beweggründe schaffen.
Man wird Brechts Theorie nicht gerecht, wenn man sich einerseits nicht vor Augen hält, daß vieles davon nur deshalb so banal und selbstverständlich klingt, weil seine Theorie auch dort, wo sie scheinbar nicht akzeptiert wurde, Veränderungen herbeigeführt hat, so daß der große Sprung nach vorn nicht mehr sichtbar ist, weil er längst den Alltag, ja das neue Klischee des gegenwärtigen Theaters darstellt. Und wenn man, andererseits, nicht jene hehre Kunst- und Theatertheorie vor Augen hat, die unausgesprochenen vorherrschte, als Brecht anfing und für die es auch heute noch Reservate, und nicht nur in der Oper, gibt.
Brecht hat das »verräterische Vokabular« dieser alten, von ihm bekämpften Schauspielkunst mit ätzender Treffsicherheit beschrieben:
»Die Gestaltung soll ›schöpferisch‹ sein. Der Schöpfer, das ist Gott.
Die Kunst ist ›heilig‹. Der Schauspieler soll ›dienen‹. Wem? Der Kunst.
Der Schauspieler ›verwandelt sich‹, wie bei der Messe das Brot in Seinen Leib.
Was auf der Bühne geschieht, muß ›rechtfertigt‹ werden, wie beim Jüngsten Gericht, was auf der Erde geschah. Die Konzentration, das ist die ›Selbstversenkung‹ des Mystikers. Die vorgestellte vierte Wand läßt den Schauspieler ›allein‹ sein, mit seinem Gott, der Kunst.
Es handelt sich um die ›Wahrheit‹, sie entsteht durch richtiges Fühlen, das kann man aber hervorbringen durch Exerzitien.«[26]
Trotzdem wirkt die Attacke auf die aristotelische Dramatik, die angeblich nur auf Gefühlen der Zuschauer basiert (Furcht, Mitleid, Katharsis – durch die drei Einheiten Mi-

mesis und daher Spannung auf den Ausgang), gleich aus mehrerlei Gründen wie eine überhitzte Übertreibung:
Erstens würde die Attacke nur gelten, wenn es nur Novitäten auf dem Theater gäbe. Wer jedoch im zwanzigsten Jahrhundert »Kabale und Liebe« oder den »Hamlet« sieht, dürfte kaum gespannt auf den Ausgang sein, wird schwerlich nur die Unveränderlichkeit von Gefühlen vor Augen haben und wird daher fast zwangsläufig eine Art »epische Haltung« einnehmen, am »Wie« mehr als am »Was« interessiert sein.
Zweitens haben uns gerade Brecht-Aufführungen gelehrt, daß die Zuschauer etwa den »Galilei« als reines Gefühlsdrama absolvieren konnten. Es setzte willkürliche und beliebige Emotionen gegen diejenigen frei, die nicht wahrhaben wollten, daß sich die Erde um die Sonne dreht. Ja Brecht wurde, sicher nicht durch seine Schuld, zum Emotions-Dramatiker par excellence, weil seine Stücke durchgesetzt werden mußten gegen eine restaurative Gesellschaft, so daß sie zu Gefühlsveranstaltungen gegen diese gesellschaftliche Grundstimmung wurden.
Drittens »verrät« Brecht, wenn er auf die »Mittel« zur Episierung zu sprechen kommt, wie sehr er die Illusionsbereitschaft des Theaterzuschauers überschätzt.[27] In der Tat haben manche der Forderungen des epischen Theaters etwas Naives, um nicht zu sagen Kindisches.
Wem solche Überlegungen als eine Brecht unangemessene Trivialisierung vorkommen, der vergleiche sie mit den Reaktionen, die Brecht 1936 seinem Zuschauer des neuen Theaters zubilligte: »Das hätte ich nicht gedacht. – So darf man es nicht machen. – Das ist höchst auffällig, fast nicht zu glauben. – Das muß aufhören. – Das Leid dieses Menschen erschüttert mich, weil es doch einen Ausweg für ihn gäbe. – Das ist große Kunst; da ist nichts selbstverständlich. – Ich lache über den Weinenden, ich weine über den Lachenden.«[28]

Diesen Katalog von erwarteten und erhofften Publikumsreaktionen darf man füglich mit zwei Fragen behelligen. Zum einen mit der Frage, ob sich diese Reaktionen inzwischen immer noch nach Brecht-Aufführungen einstellen (jemand, der heute noch den »Galilei«, die »Dreigroschenoper« oder den »Arturo Ui« verließe mit dem Ausruf, daß er das nicht gedacht hätte). Falls man ehrlicherweise zu einem Nein als Antwort kommt, so mag das bedeuten, daß sich Brechts Theatertheorien durch die wiederholte praktische Anwendung in seinen Stücken abgestumpft hätten und daß sie infolgedessen durch neue Theorien an den Stücken zu ersetzen wären.

Zum andern, ob sich ein Teil der Reaktionen nicht immer und überall einstellt (ich lache über den Weinenden, wenn ich Shakespeares Malvolio sehe) und ob ein anderer Teil überhaupt eine neue und wünschenswerte Reaktion wäre. Der Satz jedenfalls, daß etwas große Kunst sei, weil da nichts selbstverständlich wäre, ließe sich mit nur wenig Bosheit einem neuen »verräterischen Vokabular« von unkritischer Kunstvergötzung zuordnen.

Bleibt schließlich zu fragen, ob sich die radikal neue Reaktion auf Brechts neues Theater durch seine Stücke jemals zwanghaft und notwendig eingestellt habe. Zitieren wir einen so unverdächtigen Zeugen wie Alfred Polgar, der für eine Aufführung von Brechts »Mutter« folgende Beobachtungen angestellt hat. Zunächst schreibt er:

»Für die Unabweisbarkeit und Notwendigkeit des Kommunismus wird der Beweis auf das Exempel erbracht. Programmatische Absicht: vom Zuschauer ›Entscheidungen zu erzwingen‹. Doch ist es mehr so, daß die Entscheidungen auf der Szene gefällt werden, und dem Zuschauer überlassen bleibt, sie zu akzeptieren oder nicht.«

Dann: »Unbedingt stellt sich die Wirkung ein, daß jene

Hörer, welche ganz der Meinung sind, die von der Bühne herab propagiert wird, zu dieser eisenfest in ihnen verankerten Meinung herumgekriegt werden. Sie werden von der Überzeugung, die sie haben, überzeugt, und zum Bekenntnis, auf das sie eingeschworen sind, hingerissen.« Und noch auf einen weiteren Widerspruch macht Polgar aufmerksam:

»Zur Geschichte, die ihm erzählt wird, bekommt der Zuschauer gebrauchsfertig auch die Moral der Geschichte. Diese ist nur der möglichst einfach, breitflächig zugeschnittene Sockel für jene. Fraglich bleibt, ob nicht das indirekte Verfahren: – Geschehnisse, Tatbestände, Erlebnisinhalte zu geben, so eindringlich zu geben, daß der Hörer gar nicht anders kann, als selbst die richtigen Schlüsse aus dem Geschauten zu ziehen –, ob dieses Verfahren nicht das wirksamere ist. Brechts Theorie verwirft das Theater, das sich an das Gefühl des Zuschauers wendet, aber er verschmäht nicht die Hilfe der Musik, die gar nichts anderes tut, gar nichts anderes tun kann, als Gefühl zu wecken. Was hat ihr obstinates Trommeln, ihr Drohen, Klagen, Aufpulvern und Verheißen mit der Ratio zu tun, auf die allein es dem epischen Theater, theorie-gemäß, ankommt? Es vermittelt dem Zuschauer Kenntnis und Erkenntnis auf kaltem Wege, nicht ohne ihm durch Klavier, Trompete, Posaune und Schlagwerk einzuheizen.«[29]

Gewiß, es ließe sich Polgars Einwänden wiederum ein Gegensatz-Schema, wie es Brecht für »Mahagonny« in bezug auf die Musik aufgestellt hat, entgegenhalten (dramatische Musik serviert, epische vermittelt, erstere steigert den Text, letztere legt ihn aus, die eine malt die psychische Situation, die andere gibt das Verhalten).[30] Aber die Wirkung der »Dreigroschenoper« und »Mahagonnys« strafen solche Gegensatzpaare Lügen.

Wenn ich hier vorwiegend aus Theaterkritiken die Einwände herauszufiltern suche, die das augenblickliche Unbehagen an Brecht deuten helfen könnten, dann deshalb, weil die Brecht-Literatur, zumindest soweit ich sie kenne, vorwiegend tautologisch verfährt, d. h. Brechts Theorie ungeprüft akzeptiert, um dann festzustellen, wie sie in den Dramen angewandt wird. Wahrscheinlich mußte sie zunächst nach Belegen suchen, weil das Werk ja erst allmählich zu sichten war, und vollständig immer noch nicht greifbar ist.

Natürlich gibt es auch die Brechts Werk begleitende marxistische Kritik: Hier wirft einer dem andern mangelnde Dialektik, Einseitigkeit, Verfehlen des Konkreten vor und was dergleichen mehr Argumente in scholastischen Diskussionen sind. Daß dies nicht übertrieben ist, kann ein Zitat zur »Maßnahme« verdeutlichen, das ein Autorenkollektiv von Brecht-Schülern (Hans Bunge, Werner Hecht, Käthe Rülicke-Weiler) in dem DDR-Band »Schriftsteller der Gegenwart« 1969 als Kritik beizusteuern wußte: »Im Lehrstück ›Die Maßnahme‹ stellte Brecht eine Begebenheit dar, die konstruiert wirken mußte, weil sie eine abstrakte Entscheidung zum Inhalt hatte. Nur eine undialektische Auffassung von der Beziehung des Individuums zur Gesellschaft mußte zu einer solchen selbstmörderischen Maßnahme führen. Brecht hatte wohl Verbindungen zu Arbeitern und zum Marxismus, aber noch nicht in ausreichendem Maße zu ihren tatsächlichen Kämpfen und Problemen, zur revolutionären Praxis. Die idealistische Verabsolutierung der ›Umstände‹ und der Notwendigkeit war im vorliegenden Lehrstück nicht nur falsch, sondern die verfochtene ›Lösung‹, die ja ausdrücklich zur Einübung eines bestimmten Verhaltens gedacht war, konnte in den Reihen des Proletariats Verwirrung hervorrufen.«[31]

# Brecht und Lukács

»Um in die Schubfächer zu gehen, müssen die literarischen Werke tüchtig beschnitten werden. Ich sah einmal im Film Chaplin einen Koffer packen. Was am Schluß drüber hinaushing, Hosenbeine und Hemdzipfel, schnitt er einfach mit einer Schere ab.«

*»Notizen zur Arbeit«,* GBA XXII,448

Die große theoretische Debatte, die Brecht seit seiner Entscheidung für den Marxismus begleitete, die sich in der Emigration verschärfte und die dem kommunistischen Theater in den Jahren des Stalinismus teilweise seine Werke verleidete, war die Kontroverse mit dem Realismus-Apologeten Lukács, die als Expressionismus-Streit begann und in einer seltsamen Versöhnlichkeit von seiten Lukács' kurz vor Brechts Tod beendet wurde.

Georg Lukács, der im Unterschied zu Brecht im Moskauer Exil lebte, also im Rom des orthodoxen Marxismus, hatte 1934 erstmals in aller Schärfe den Expressionismus angegriffen, in dem sich seiner Auffassung nach der »Abfall« der Moderne summierte. Er warf dem Expressionismus, und damit der Moderne, Subjektivismus vor, der die Form beliebig und die Inhalte belanglos mache. Ja, er brachte sogar den Faschismus mit dem Expressionismus in einen historisch kausalen Zusammenhang (wobei ihm die Entwicklung einiger expressionistischer Dichter, etwa von Brechts Freund Bronnen, ebenso recht zu geben schien, wie die Tatsache, daß Goebbels eine Zeitlang mit der Anerkennung des Expressionismus liebäugelte): »Der Expressionismus kommt ... dieser Abwendung von der Wirklichkeit sowohl weltanschaulich als auch in seiner schöpferischen Methode entgegen. Der Expressionismus als schriftstellerische Ausdrucksform des entwickelten Imperialismus beruht auf einer irrationalistisch-mythologischen Grundlage; seine schöpferische Methode geht in die Richtung des pathetisch-leeren, deklamatorischen Manifests, der Proklamierung eines Scheinaktivismus.«[32]

Gegen diese subjektivistische Kunst stellte Lukács seinen Realismus-Begriff, den er normativ (das heißt: als bindende und verbindlich bleibende Rezeptur) von den großen Schriftstellern des 19. Jahrhunderts herleitete. Dabei geht es ihm um Totalität und Objektivität, die sich für Lukács vom klassischen Realismus über den kritischen Realismus bis zum sozialistischen Realismus harmonisch entwickelte. Diese Realismus-Sicht erlaubte es, die Haltung früherer Autoren gegenüber der Objektivität ihres Werks zu vernachlässigen: Lukács berief sich auf Engels, wenn er für den Sieg des Realismus konstatierte, Engels habe es einen »der größten Triumphe des Realismus« genannt, daß Balzac in seinem Werk seiner Klassenzugehörigkeit und seinen Klassensympathien entgegengehandelt habe, indem er die zukünftige gesellschaftliche Entwicklung richtig antizipiert hätte.

In Lukács Plädoyer für eine realistische Literatur und in seiner Kritik an der Moderne (also auch an Joyce oder Kafka) steckt eine prinzipielle und eine taktische Überlegung. Prinzipiell daran ist, daß Lukács auch von modernen Autoren forderte, sie sollten wie Balzac und Tolstoi die Wirklichkeit als gesellschaftliche Totalität erfahrbar machen. Wenn er Thomas Mann oder Romain Rolland in diese Linie stellte, dann lobte er in den Augen Brechts nur deren Epigonentum. Und wenn er für die decadence die Schriftsteller und nicht die Verhältnisse verantwortlich machte, denen Dichter mit ihrer Ganzheits-Sicht entgegen-

zuarbeiten hätten, dann verurteilte er die Autoren in Brechts Augen dazu, die Wirklichkeit zu verklären.
Taktisch daran ist, daß Lukács, obwohl als Apologet des Stalinismus verschrien, der Literatur mit dieser »Objektivierung« größere Freiräume schaffen wollte. Zugleich fand er im Realismusprinzip einen gemeinsamen Nenner für sozialistische und antifaschistische Literatur, also auch für »kritische Realisten«. Denn Lukács wollte gegen den Faschismus auch bürgerliche Traditionen aktivieren.
Für Brecht war dadurch, daß Lukács den Realismus zum Maß aller Dinge erklärte, der »Klassenkampf« zum »leeren Prinzip« verflacht: »Bei den Lukács' ist der Klassenkampf nur noch ein Dämon, ein leeres Prinzip, das die Vorstellungen der Leute verwirrt, nichts mehr, was stattfindet. Er ist ja drin in der Wirklichkeit, der Schriftsteller schildere also die Wirklichkeit, und er wird in ihren Schilderungen drin sein.«[33]
Brecht sieht in Lukács den Harmonisierer einer disharmonischen Welt, der, indem er die Ganzheit des Menschen in der Literatur retten wolle, die Inhumanität der imperialistischen Welt verschleiern helfe. Lukács dagegen wollte seine Humanitätsforderung der Entmenschung des Faschismus entgegensetzen. Natürlich spielt für Brecht auch eine Rolle, daß ihm verhaßte Schriftsteller wie Thomas Mann bei Lukács zur Größe avancierten (»dieser Stumpfsinn ist gigantisch«), dagegen Joyce, Gide oder Hašek, weil sie nicht in der von Lukács kanonisierten Form geschrieben hätten, in als weniger bedeutend eingestuft oder verurteilt wurden. Brecht durchschaute und verwarf das enge normative Korsett, das die Realismus-Theorie von Lukács für die Entwicklung der Literatur darstellte: »Die Realismusdebatte blokkiert die Produktion, wenn sie so weitergeht«[34], notierte er 1938. Im gleichen Jahr spottete er darüber, daß Lukács die

Szene der »Spitzel« (aus »Furcht und Elend des Dritten Reichs«) begrüßt habe, »als sei ich ein in den Schoß der Heilsarmee eingegangener Sünder. Das ist doch endlich aus dem Leben gegriffen!«[35] Der Stückeschreiber beeilt sich dann, die vorgeblich realistische Szene seinem epischen Theater zu subsumieren, indem er auf den von Lukács verfemten »Montage«-Zusammenhang und auf die der Einfühlung entgegenarbeitende Gestik aufmerksam macht. Nun hat Jan Knopf für Brecht konstatiert, daß auch dessen Montage in Wahrheit nicht von der Wirklichkeit ausgehe, sondern, darin Lukács durchaus ebenbürtig und verwandt, von einer vorgegebenen Idee der Wirklichkeit: »Die erst durch die Montage der Wirklichkeit erkannte Widersprüchlichkeit ist eine vom Beobachter geschaffene Widersprüchlichkeit und keine der Wirklichkeit; nicht die objektiven Widersprüche werden erkannt, sondern bloß die, die man sich zurechtgezimmert hat. Das mag zwar praktisch sein, wirklich ist es aber nicht.«[36]

Lukács selbst hat vor allem Brechts Theorie des epischen Theaters angegriffen. Sieht man den Wert, den Lukács der Tradition beimißt, so versteht man, warum er die Angriffe des Stückeschreibers gegen das alte, das aristotelische Theater zurückgewiesen hat.

Lukács nennt Brechts Unterscheidungen zwischen Gefühls- und Erlebnisvermittlung auf der einen Seite (der des alten Theaters) und vom Zuschauer erzwungener Entscheidungen auf der anderen Seite (der des epischen Theaters) schlicht »unhaltbar«. Kunstgenuß und aktive propagandistische Wirkungen seien, so Lukács, keine notwendigen Gegensätze, denn man dürfe Haltungen des heutigen Bourgeois nicht auf den Bürger der Athener Polis, auf den puritanischen Bürger der englischen und den jakobinischen Bürger der Französischen Revolution übertragen. Die alten

Dichter hätten ihr Publikum nicht etwa nur durch »Kunstgenuß« vom politischen Handeln abgehalten, ganz im Gegenteil, sie gerade dadurch zum Handeln aktiviert.[37]
Tatsächlich trifft dieser Einwand Lukács' Brechts Theorie zumindest dort, wo sie ahistorisch eine Stunde Null zwischen dem alten und dem neuen Theater zu veranstalten meint. Und der Einwand trifft, wenn man genau nachdenkt, Brechts Parabeln in einem weiteren empfindlichen Punkt. Sie sind übersetzte Beispiele für akute und aktuelle Probleme in andere Zeiten und andere Kulturkreise, deren ganz verschiedenen Gegebenheiten sie nicht Rechnung tragen wollen und dürfen. Der Klerus im »Galilei« beispielsweise wirkt auf uns nur machtgierig-zynisch, weil wir mit Brecht heute besser wissen, daß die Kirche, scheinbar wider besseres Wissen, ein falsches Weltbild bis aufs Messer verteidigte. Brecht geht es um eine Analogie zu heutigem Verhalten. Aber diese Analogie unterschlägt mit ahistorischer Verabsolutierung, daß die Kirche vielleicht wirklich davon überzeugt war, das ptolemäische Weltsystem wäre das einzig richtige.
Natürlich war ihr ein geozentrisches Weltsystem auch zur Machterhaltung (Rom als Nabel der Welt) lieber und sinnvoller, aber der blanke egoistische Zynismus, zu dem Brecht diese Haltung vereinfacht, ist wohlfeile spätere Besserwisserei, Überheblichkeit, die zur puren Schwarzmalerei führt.
Lukács meint weiter, daß Brechts Theorie neben ihrem »unhistorischen, unkritisch verallgemeinernden Grundzug« noch einen weiteren, einen »theoretischen Fehler« habe: nämlich den, daß Brecht dem »unveränderlichen« Menschen des alten Theaters den veränderlichen und verändernden Menschen des neuen Theaters gegenüberstelle: »Wenn wir die Klassenkämpfe konkret betrachten ..., so müssen wir klar sehen, daß die ökonomische und politische

Lage einer jeden Klasse sich ununterbrochen verändert, daß deshalb eine jede Klasse – bei Strafe des Untergangs – stets gezwungen war, das Bewußtsein ihrer Mitglieder und das der von ihr beeinflußten Mitglieder anderer Klassen ununterbrochen zu verändern.« Lukács nennt es eine mechanistische Vulgarisierung der letzten Feuerbachthese von Marx (die bereits zitierte Umfunktionierung von bisher nur interpretierender Philosophie zur jetzt verändernden Philosophie): »Wie hätten die Menschen vor Marx überhaupt leben können, wenn sie in einer Wirklichkeit, die sich stets ›verändert‹, sich so ›verhalten‹ hätten, wie unsere neueste Literaturtheorie dies mißverständlich meint?«[38]

Lukács, der lange Jahre und aus mancherlei Gründen zu Recht als der stalinistische Würgeengel an Brecht in die Literatur eingegangen ist, hat zumindest hierin wieder eine Schwäche der Brechtschen Theorie und der daraus resultierenden Praxis benannt. Denn die Folgen sind unübersehbar. Wir brauchen nicht bis zu epigonalen Auswirkungen zu gehen, wo diese unveränderte, unveränderbare Welt vor dem Sozialismus aussieht wie im christlichen Drama die Welt vor dem Jahr des Heils – als Beispiel ließe sich »Der Müller von Sanssouci« von Peter Hacks ebenso anführen wie Dieter Fortes Luther-Münzer Stück. Hacks vereinfacht den sogenannten »aufgeklärten Absolutismus« Friedrichs II. zu einer Propaganda-List eines heutigen Staatenlenkers, der eine gute Image-Pflege braucht, Forte Luthers Reformation zum nur zynischen Geschäft der Fürstendienerei.

Brecht selbst ist, um der angestrebten Klarheit willen, ähnlich versimpelnd vorgegangen. Bei ihm hat der Anachronismus nicht etwa nur komische, sondern auch propagandistische Züge. Wenn Brutus seinen Sklaven peitscht, während er vom Ende der Tyrannei spricht, so ist die beabsichtigte Entheroisierung gleichzeitig von der Illusion begleitet, die

Menschen in Rom hätten sich nicht anders verhalten als ein Sternheimscher Bourgeois. Dadurch wird das Studium der Geschichte nicht korrigiert, sondern schlichtweg überflüssig gemacht. Dem politischen Kabarett ist im übrigen die ahistorische Verkürzung seit jeher eigen gewesen.

Brechts Biograph Klaus Völker referiert allerdings aus Brechts Perspektive des angewiderten Erstaunens die freundlichere Aufnahme späterer Werke Brechts durch Lukács und behält diese Brecht-Haltung über den Tod des Stückeschreibers hinaus bei – gewissermaßen als sein Statthalter.

Lukács sei völlig überraschend bei der Trauerfeier für Brecht im Berliner Ensemble mit einer Trauerrede aufgetreten. In dieser Rede habe er Brecht zu »einem echten Dramatiker« erklärt, der mit der ästhetischen Wirkung auch eine moralische hervorgebracht habe: »Dies aber war der tiefste Sinn der aristotelischen ›Katharsis‹. Sie sollte – so verstand sie mit Recht Lessing – die Erschütterung in eine Fertigkeit zum Sittlichen erheben. Weil Brecht dies wollte und in seinen besten Werken verwirklichte, war er ein wirklicher Dichter.«[39]

Bevor man sich über dieses »Heim-ins-Dichterreich«-Holen Brechts durch seinen theoretischen Antipoden spöttisch mokiert, sollte man sich zweierlei ins Gedächtnis rufen. Einmal, daß Brechts früher Apologet, der Kritiker Herbert Ihering, den Stückeschreiber mit ähnlichen Kategorien von »echter Dichterkraft« und »tiefer Wirkung« kritisch durchgesetzt hat: »Wenn eine unproduktive Zeit ein produktiver, aber chaotischer Dichter durchbricht, so ist das ein aufrüttelndes Ereignis.«[40] Das ist zwar auf das vor-epische »Dickicht« gemünzt, enthält aber alle lobenden Zutaten, die Brecht als Ursache und Wirkung des aristotelischen Theaters verabscheute.

Und zweitens: Völker schildert anschließend, wie Lukács einzelne Werke Brechts lobte, so den »Galilei«, einzelne Szenen aus »Furcht und Elend«, den »Guten Menschen« und die »Mutter Courage«, wie er aber den Verfremdungseffekt jedoch nach wie vor ablehnte. Ob sich Lukács, wie es durch Völker geschieht[41], deshalb nur den Tadel, ein Schulmeister zu sein, einhandeln müßte, bleibt sehr die Frage. Nur zu deutlich muß es dem Zeitgenossen sein, daß die angeführten Stücke aller Theorie zum Trotz wie die großen alten Gefühlsdramen des Theaters auf die Zuschauer wirken.

Für den »Galilei« hat Brecht das ja indirekt zugegeben, daß es darin V-Effekt und Einfühlung nebeneinander gebe. Auf den »Kunstgriff« des Schlusses (gemeint ist die Selbstverurteilung Galileis) anspielend, hatte Brecht notiert: »Selbst der unbedenklich sich Einfühlende muß zumindest jetzt, auf dem Weg der Einfühlung selber in den Galilei, den V-Effekt verspüren. Bei streng epischer Darstellung kommt eine Einfühlung erlaubter Art zustande.«[42]

Auch für die »Courage« hat Brecht Einfühlung, wenn auch sozusagen nur vorübergehend, gestattet: »Zuschauer mögen sich mit der stummen Kattrin in dieser Szene (gemeint ist die Trommelszene) identifizieren; sie mögen sich einfühlen in dieses Wesen und freudig spüren, daß in ihnen selbst solche Kräfte vorhanden sind – jedoch werden sie sich nicht durchaus eingefühlt haben; in den ersten Szenen zum Beispiel kaum.«[43] Einfühlung oder Nichteinfühlung – das wird auf einmal vom schier inhaltlichen Verhalten abhängig gemacht, so daß man, übertrüge man Brechts Theorie etwa auf den »Hamlet«, mit dem gleichen Recht sagen könnte, der Zuschauer identifiziere sich mit Hamlet, wenn dieser um seinen Vater trauert, nicht aber, wenn er den Polonius wie eine Ratte absticht.

Kein Wunder, daß angesichts dieser »Rabulistik« Benjamin Henrichs zu »der dringend aktuellen Frage« kommt, »ob von Brechts Theatertheorie nur noch die Negativ-Beschreibungen des bürgerlichen Theaters zu gebrauchen sind, die neue Lehre aber nicht«.[44]

Ebenso angebracht scheint mir der Zweifel, ob Brechts Theorie nicht nur mit viel Worten und viel Imponiergehabe darüber hinwegtäuscht, daß viele seiner »großen Stücke« im Grunde doch nur dem bürgerlichen Theater zuzurechnen sind. Lukács' spätes Lob jedenfalls lohnt das Überdenken.

Wolfgang Schivelbusch hat deshalb in seinem Buch über das »Sozialistische Drama nach Brecht« konstatiert: »Von der theoretischen Position der Großen Pädagogik aus betrachtet, stellt das von Brecht nach 1948 gemachte Theater einen Rückschritt dar, eine Revision.«[45] Beides findet Schivelbusch allerdings für die DDR realistisch und notwendig.

Wo Revision und Rückschritt ist, da sind die gefühligen Sonntagsredner nicht weit. Manfred Wekwerth, der auf Brechts Spuren mit der Gleichung Wissenschaft gleich Genuß so lange spielt wie die Trivial-Theologie mit der Formel Jesus gleich Leben: »Brecht verlachte auch jene, die Glück und Befriedigung des Menschen außerhalb der Arbeit in ›vorproduktiven Tätigkeiten‹ (Marcuse) oder außerhalb der ›Industriezivilisation‹ (Richta) suchen. Sein Theater soll vergnügliche Stätte der befreiten Arbeit sein, worin der Mensch – Zuschauer wie Schauspieler – sich produzierend als Mensch bestätigt, das heißt, seine produkive Lebenstätigkeit nicht unterbricht oder vergißt, sondern gesteigert genießt, auch, um sich für neue Lebenstätigkeit allseitig zu reproduzieren.«[46]

Ich kann mir nicht helfen – wenn ich das übersetze, dann ergibt das »Kraft durch Freude« oder »Laßt den Sonnenschein ins Herz hinein«.

## Der V-Effekt

»Seine Schauspieler waren keine Kellner, die das Fleisch zu servieren hatten und deren persönliche, private Gefühle unverschämte Belästigungen genannt wurden.«

*»Der Messingkauf«,* GBA XXII, 739

Das Hauptprinzip, das wichtigste Mittel des epischen, dialektischen oder wissenschaftlichen Theaters Brechts ist der sogenannte Verfremdungseffekt (abgekürzt: V-Effekt), ein Begriff, der nicht durch, aber auch nicht ohne Brechts Schuld inzwischen inflationär gebraucht wird.

In dem frühen Stück »Trommeln in der Nacht«, einem Heimkehrer-Drama, das das Heimkehrer-Pathos des expressionistischen Dramas angriff, taucht als ständiger Begleiter des Helden Kragler ein roter Mond am (Bühnen )-Horizont auf – scheinbar um Romantik und Stimmung zu verbreiten. Aber spätestens im fünften Akt wird deutlich, daß diese Stimmung nur aufgebaut wurde, um zerstört zu werden. Kragler sagt, die Illusion des Stücks durchbrechend: »Ich hab's bis zum Hals! Es ist gewöhnliches Theater. Es sind Bretter und ein Papiermond und dahinter die Fleischbank, die allein ist leibhaftig.« Und kurz darauf ruft Kragler ins Publikum: »Glotzt nicht so romantisch!«[47]

Die Theaterillusion, die Brecht aufgebaut hatte, wird dekuvriert, unterbrochen, die Stimmung, die sich beim Publikum einzustellen suchte, wird zerstört. Dieser Vorgang ließe sich als erste große Verfremdung bei Brecht beschreiben – und so gesehen, wäre die Verfremdung eine Wiederaufnahme des Theatermittels der »romantischen Ironie«, mit der die Dra-

matiker der Romantik, etwa Tieck, erst eine vollkommene Theaterillusion erzeugten, die sie dann, mit krassen Illusionsdurchbrechungen, als Illusion sichtbar machten.
Brecht hat den Verfremdungseffekt in seinen theoretischen Schriften mehrfach definiert und oft beschrieben, wobei sich als Kern des Begriffs ausmachen läßt, daß die Verfremdung ein Ziel hat, nämlich das Gewohnte als das Ungewöhnliche, das Übliche als das Befremdende, das Selbstverständliche als das lange nicht Geänderte und daher Änderungsbedürftige zu sehen. Im »Kleinen Organon« hat Brecht den neuen V-Effekt definiert, indem er ihn der üblichen einfühlenden Haltung gegenübersetzte: »Das lange nicht Geänderte nämlich scheint unänderbar. Allenthalben treffen wir auf etwas, das zu selbstverständlich ist, als daß wir uns bemühen müßten, es zu verstehen. Was sie miteinander erleben, scheint den Menschen das gegebene menschliche Erleben.«[48]
Dem setzt er entgegen: »Damit all dies viele Gegebene ihm als ebensoviel Zweifelhaftes erscheinen könnte, müßte er jenen fremden Blick entwickeln, mit dem der große Galilei einen ins Pendeln gekommenen Kronleuchter betrachtete. Den verwunderten diese Schwingungen, als hätte er sie so nicht erwartet und verstünde es nicht von ihnen, wodurch er dann auf die Gesetzmäßigkeiten kam. Diesen Blick, so schwierig wie produktiv, muß das Theater mit seinen Abbildungen des menschlichen Zusammenlebens provozieren. Es muß sein Publikum wundern, und dies geschieht vermittels einer Technik der Verfremdungen des Vertrauten.«[49]
Brecht hat hier so etwas wie eine Verwissenschaftlichung der Intuition gegeben, die ja auch etwas neu, anders sieht als es bisher gesehen wurde, und er hat gleichzeitig mit dem Galileischen Kronleuchter den Marxschen »Tisch« zum

Tanzen gebracht, der ja auch, auf einmal als Ware entfremdet, für seinen Erzeuger so fremd wird, daß dieser daraus seine eigene Entfremdung erkennen müßte.
Beispiele solcher sozialer Vorgänge, die uns als nicht mehr selbstverständlich erscheinen dürften, gibt Brecht immer wieder. So beschreibt er den Vorgang, daß eine kleinbürgerliche Familie ihre Tochter in Stellung schickt: »Dieser Vorgang ist dem Publikum unserer Zeit vertraut. Er hat etwas durchaus Natürliches und Alltägliches. Solches geschieht immerzu und überrascht niemanden. Damit der Vorgang als das gesellschaftlich bedeutende und problematische Ereignis erscheint, das er ist, muß er dem Publikum entfremdet werden durch die Darstellung.«
Wodurch? Indem er wie »eine fertiggestellte Ware« auf den Markt geschickt werde. Auf einmal erscheine dann auch Pflege und Fürsorge im Elternhaus in einem neuen Licht: der junge Mensch ist »für den Markt hergerichtet worden«. Brecht fordert dafür eine neue Sprechweise der Schauspieler, die zu sprechen hätten, als »trauten sie ihren Ohren nicht«.[50] Immer wieder, wenn Brecht auf die Verfremdung zu sprechen kommt, rät er dem Schauspieler, alles bisher Gelernte über Bord zu werfen und zu vergessen, sich das spontane Erstaunen der ersten Leseproben zu bewahren. Der Schauspieler habe das, was er zu zeigen habe, »mit dem deutlichen Gestus des Zeigens« zu versehen.[51]
Als weiteres Beispiel dafür, alltägliche, ja massenhafte Vorgänge zu verfremden, wählt Brecht einmal auch die Evakuation, d. h. die Zwangsausweisung von Mietern aus einer Wohnung. »Ein Mann in einer Uniform bringt einen Brief, demzufolge müssen die Mieter ihre Möbel auf die Straße stellen. Ist das nicht klar? Ist das nicht seit langem so. Ja, es ist seit langem so. Ist es also nicht natürlich? Nein, es ist nicht natürlich.«[52]

Brecht führt nun aus, daß um den Vorgang zu verfremden, einmal Beispiele aus der Geschichte heranzuziehen seien, die dann aber auch nur das Beharrende und nicht das zu Verändernde beschreiben würden. Also müßte man die Evakuierung als einen massenhaften Vorgang von geschichtlicher Bedeutung beschreiben, der einen X, eine »Zahl für die Registratur« beträfe, dieser Dietz sich aber dagegen wehrt, wie ein X behandelt zu werden: »Der Kampf des Dietz dagegen, als ein X behandelt zu werden, ist eben der geschichtliche Vorgang; wie Dietz eben seine Massenhaftigkeit, die ihn zu einem X degradiert, benutzt, diesem Ausgelöschtwerden, diesem Entmenschtwerden zu entgehen, das ist die Geschichte.«[53]

Hier und in anderem Zusammenhang führt Brecht als entscheidende Technik der Verfremdung die »Historisierung« ein. Sie soll einmal zeigen, daß Vorgänge einmalig und vorübergehend sind: »In ihnen ist nichts schlechthin Unwandelbares.« Zum andern soll der Schauspieler auch zu Vorgängen der Jetztzeit jenen »Abstand« wählen, um den sich der Historiker bemüht. Auch dadurch würden die »Vorgänge auffällig«[54]

Den V-Effekt beobachtete Brecht im Alltag wie auch im früheren Theater. Im Alltag wird ein »einfacher V-Effekt« angewendet, »wenn man jemandem sagt: ›Hast du dir schon einmal deine Uhr genau angesehen?‹«, denn mit der Frage entziehe man die Uhr dem gewohnten, daher seit langem nichts mehr sehenden Blick.[55]

Auch im alten Theater sei der V-Effekt verwendet worden, etwa in der »niedrigen Komödie«: »Kehrt ein Ehemann spät in das eheliche Schlafgemach zurück und belauscht ihn die völlig wache Gattin beim Hereinschleichen, so wird dieses zur Ergötzung des Publikums verfremdet.«[56] Weitere Beispiele: Wenn Mommsen in seiner römischen Geschichte für

»Prätor« »Staatsanwalt«, für »Legat« »General« sage; wenn Goethe für seinen »Egmont« die Niederlande zum Schauplatz mache und sie für ihn eine Parabelfunktion bekämen[57]; wenn das antike und mittelalterliche Theater seine Schauspieler mit Menschen- und Tiermasken verfremde, das asiatische noch heute »musikalische und pantomimische V-Effekte« benutze, verhindere dies zweifellos die Einfühlung, und wenn es auch die Vorgänge einmalig, bizarr und unänderbar erscheinen lasse.[58]

In der Beschreibung der Kopenhagener Uraufführung der »Rundköpfe und Spitzköpfe« schließlich führt Brecht an, daß bestimmte Vorgänge des Stücks durch »Inschriften, Geräusch- oder Musikkulissen und die Spielweise der Schauspieler – als in sich geschlossene Szenen aus dem Bezirk des Alltäglichen, Selbstverständlichen, Erwarteten gehoben (verfremdet)«[59] wurden.

Und als Brecht 1954/55 am Berliner Ensemble Johannes R. Bechers »Winterschlacht« inszenierte, verfremdete er die Darstellung des Soldaten, »indem man jene Züge (Verhaltensweisen, Eigenschaften usw.) zur Geltung bringt, die er mit dem gewöhnlichen Arbeiter an der Maschine gemeinsam hat«.[60]

Nach so viel Verfremdung fragt man sich, was an Brechts Theaterarbeit nicht Verfremdung ist, noch dazu, wenn man sich vor Augen hält, daß die Theoretiker (vor allem Reinhold Grimm) mit guten Gründen den von Brecht vorwiegend für die Theaterarbeit und Theaterpraxis angewendeten Begriff auf die Stücke selbst und ihre Konzeptionen übertragen haben. Dabei wird dann jegliche Unterbrechung der Spielhandlung, jegliches antiillusionistisches Mittel (also Spiel über die Rampe, Treten aus der Handlung, Ankündigung dessen, was man spielen, tun wird), jegliche Parabolisierung, kurzum: der Gesamtkosmos des Brechtschen

Werks zu einem einzigen fortgesetzten Beleg für den angestrebten und angewendeten V-Effekt.
Dafür einige Exempel: Daß »Der gute Mensch von Sezuan« soziale Probleme für deutsche Zuschauer nach China verlegt, daß »Galilei« die Problematik der Erfindung der Atombombe ins ausgehende Mittelalter historisiert, daß im »Kaukasischen Kreidekreis« die Haupthandlung als »Spiel im Spiel« von einer Kolchose aufgeführt wird, daß Hitlers Annektion Österreichs als Gartenszene aus dem »Faust« dargestellt wird, daß in der »Heiligen Johanna« der Börsenkrach sich in Hölderlinischem Versmaß abspielt, daß es in Brechts Theater Schrifttafeln, die Neher-Gardine, Songs, Masken, Kostüme, Beiseite-Sprechen, Adressen an den Zuschauer gibt, daß Dialekte verwendet, Pausen gemacht werden, daß die Scheinwerfer sichtbar da sind oder Filme projiziert werden – das alles und noch mehr läßt sich unter dem Begriff Verfremdung subsumieren, so daß man überspitzt sagen könnte: V-Effekt gleich Brecht-Theater.
Käthe Rülicke-Weiler, die in ihrer Untersuchung der »Dramaturgie Brechts« den Zentralbegriff der Verfremdung in der Theorie und im Werk Brechts eine logisch historische Entwicklung durchlaufen läßt, folgert daher auch aus der Vielzahl der V-Effekte: »Die Brechtforschung nimmt im allgemeinen drei Bereiche an, in denen Verfremdungen vorgenommen werden und die ineinander übergehen: beim Schreiben, beim Inszenieren, beim Darstellen. Genauer wäre es, die zwei Ebenen von Stück und Inszenierung zu unterscheiden, auf denen es jeweils vielfältige Bereiche der Verfremdungsmöglichkeiten gibt.«[61]
Zitieren wir auch hieraus einige Beispiele, von denen Käthe Rülicke-Weiler selbst sagt, daß sie Verfremdungen der unterschiedlichsten Qualität darstellen: »›Soziale Gesten (Vorgänge): Während zwei Streikbrecher in der Gutsküche

(Mutter, 8. Szene) um die Eßschüssel streiten, halten sie große Reden über Vaterlandsliebe, die dadurch als Phrasen erkennbar werden.‹ ›Figuren: Der nüchterne Puntila ist – von seinem Klasseninteresse aus gesehen – vernünftig und unmenschlich. Der betrunkene Puntila ist dagegen menschlich und unvernünftig. Der eine Zustand – immer wieder mit dem anderen konfrontiert und ihn verfremdend – macht deutlich, daß Puntila auf sein Klasseninteresse verzichten müßte – was er nicht kann –, um ein Mensch zu sein.‹ ›Sprache: ›Wer zum Schwert greift, wird durch das Schwert umkommen‹, sagt Frau Carrar, und ihr Sohn kommt um, obwohl er nicht zum Schwert gegriffen hat. Die Bibelweisheit wird ebenso in Frage gestellt wie das passive Verhalten der Carrar, die nun ihrerseits zum Schwert – das heißt zum Gewehr – greift.‹«[62]

Als Beispiele für verfremdende Spielweisen führt Käthe Rülicke-Weiler an, daß etwa der »Held« in Synges »Der Held der westlichen Welt« im Berliner Ensemble mit einem Anti-Helden (klein, korpulent, unschön) besetzt wurde, um seine Anziehungskraft von der Person weg- und auf den vorgeblichen Vatermord hinzulenken – Verfremdung also durch Besetzung.

Da der Begriff des V-Effekts so immer weiträumiger und allumfassender wird, jedenfalls dann, wenn man seinen impliziten politischen Veränderungsimpetus ausklammert (und man muß ihn in der Praxis ausklammern, da Brechts Theater gegenüber der DDR etwa so viel Veränderungsabsichten sichtbar machte, wie es das Nicht-Brecht-Theater nach seiner Meinung in allen anderen Gesellschaftsformen tat), läßt er sich leicht noch weiträumiger fassen: Es ließe sich dann sagen, daß alle Vorgänge, indem sie auf das Theater kommen, ihrer gewohnten Umgebung entrissen, ihr befremdend entgegengesetzt werden. Daß also Theater V-Effekt an sich sei.

Umgekehrt hieße das aber auch: Sobald das Theater sich Stücke als selbstverständlichen Besitz einverleibt hat, sobald ein bestimmter Inszenierungsstil dem Zuschauer vertraut geworden ist, wird das Ungewohnte zum Gewohnten. Der spezifisch Brechtsche V-Effekt wird zum Gewohnheits-Effekt, seine Themen und Thesen erscheinen unänderbar und eingefroren.

Brecht könnte mit seinen Stücken nur dann für die Änderbarkeit plädieren, wenn diese Stücke endlich einer Theaterpraxis ausgesetzt würden, die sich radikal von Brechts Theaterarbeit unterscheidet.

Der Abschied von dieser Theaterarbeit fällt offenbar deshalb so schwer, weil sie in der Tat die fruchtbarste, anregendste, in sich konsequenteste Theaterarbeit war, die das Nachkriegstheater hervorgebracht hat. Ob diese Theaterarbeit nur über Stücke hinwegspielte, während es ihnen scheinbar gerecht wurde, die ohne diese glänzende Praxis in sich zusammenfallen, ist eine Frage, die das augenblickliche Theater eher negativ beantwortet. Andererseits darf, was den V-Effekt anlangt, nicht vergessen werden, daß der Theatermann Brecht in seinen theoretischen Erörterungen festgehalten hat, was sich theoretisch erörtern und abstrahieren läßt, nicht aber momentane Eingebungen, Einfälle, die aus Zufall und Notwendigkeiten der Praxis entstanden. Angelika Hurwicz, die Grusche im »Kaukasischen Kreidekreis« am Berliner Ensemble 1954, berichtet von der Arbeit: »Aber nicht unterschlagen werden darf das Vermögen des Genies, die letztlich durch das Temperament seiner Mitarbeiter widersprüchlich gefärbten Details zu einer Einheit zu verschmelzen, das Unwägbare von Brechts persönlichem Geschmack, das Unmeßbare der schauspielerischen Persönlichkeit. In Gesprächen legte Brecht diesen Imponderabilien Gewicht bei. In seinen theoretischen Schriften erwähnt er sich kaum, denn die Theorie soll das Anwendbare übermitteln.«[63] Eine Theaterarbeit also, die sich in der Praxis dann doch nicht so sehr von anderer großer Theaterarbeit unterscheidet? Angelika Hurwicz dämpft in ihren Proben-Notaten jedenfalls auch jegliche Erwartung von einer rigorosen Anwendung des V-Effekts durch seinen Erfinder: das Wort »Verfremdung« sei während der achtmonatigen Probezeit ein einziges Mal gefallen.[64]

Und wenn in der Theorie viel von der verfremdenden Wirkung der Masken, der Musik und der durch das Vorspiel initiierten Aufführungen als Laienspiel die Rede sei, habe Brecht, so die Hurwicz, die »Verwendung« dieser gern in die Kategorie »Verfremdung« eingeordneten Mittel »unorthodox« gestaltet: sie »wurden den Bedürfnissen des Augenblicks angepaßt«.

»Häufig«, berichtet Angelika Hurwicz, mit ironischem Blick auf die Brecht-Exegeten, »werden die Songs als ›V-Effekte‹ interpretiert.« Sie erzählt dann, Brecht habe gewünscht, daß die Songs von den Schauspielern mit feinstem mimischen Ausdruck, der dem Charakter der Rolle zu entsprechen hätte, begleitet werden sollen. An einer Stelle sollte ein Sänger nicht »unbeteiligt, erzählend« singen, sondern »zornig, anklagend«. »Dieser Augenblick«, folgert die Schauspielerin, »ist keinem Stilprinzip unterzuordnen, er ist einfach ein poetischer, auf sich selbst beruhender künstlerisch schöner Augenblick.«[65]

Im »Messingkauf«, dem Werk, das Brechts Theorie als spielbare Handlung vermittelt, wird der »Stückeschreiber«, also der Meister höchstselbst, vom Dramaturgen zitiert, und gibt sich, was Verstöße seiner Schauspieler gegen die Regeln des epischen Theaters und gegen den V-Effekt betrifft, als Papst keineswegs päpstlich: »Ich kann nun dem Ochsen, der da drischet, nicht das Maul verbinden. So gibt es eine Reihe von

Fehlern bei meinen Schauspielern, die keine Verstöße gegen meine Regeln bedeuten, weil ein Teil ihres Verhaltens von mir nicht geregelt wird. Selbst die Weigel brach an bestimmten Abenden bei gewissen Stellen in Tränen aus, ganz gegen ihren Willen und nicht zum Vorteil der Darstellung ... Sie weinte nicht als Bäuerin« (gemeint ist die Rolle der Frau Carrar), sondern als Darstellerin über die Bäuerin. Ich sehe da einen Fehler, aber ich sehe keine meiner Regeln verletzt.«[66] Einfühlung statt Verfremdung durfte also sein. Der große Schauspieler und Regisseur Kortner, zu Lebzeiten Brechts gern zu dessen Antipoden ausgerufen, weil Kortners Theater in der Darstellung großer, ja schrill bewegender Gefühle gipfelte, hat ähnliches beobachtet wie die Hurwicz: »Der radikale Brecht ging zunächst zu radikal vor: sein Theater sollte völlig emotionsfrei werden. An Stelle des genießerischen Mitgefühls sollte der Genuß der Erkenntnis, des Lernens gesetzt werden. Brecht aber mußte einlenken, da er gegen das Naturrecht des Theaters verstoßen hatte. Der geglückteste Verrat an seiner einstigen Theorie war des gereiften Brecht Inszenierung von ›Mutter Courage‹«.[67]
Kortner, der als Beispiel die ergreifende, ja »naturalistische« Spielweise der Weigel als »Courage« schildert, kommt zu dem den Theoretiker Brecht mißdeutenden, den Praktiker Brecht in Schutz nehmenden Schluß: »Im Klassiker – und Brecht wußte das – kann es keine Verfremdung geben, da die ohnehin weit zurückliegenden Vorgänge und Menschen aus der sowieso schon zu großen Entfremdung näher an uns herangeholt werden müssen, damit wir in ihnen und ihrer Umwelt uns Nahverwandtes wahrnehmen können.«[68]
So wenig also in der großen Theaterpraxis des späten Brecht von der Verfremdung die Rede ist, so wenig sie ein Theatermann wie Kortner verspürt – *ein* Verfremdungseffekt, von

dem Brecht nicht spricht, bestimmt seine Arbeit am Berliner Ensemble.

Während er von »finsteren Zeiten« kündete und in »finsteren Zeiten« lebte, war sein Theater eine Oase, in der es Muße, Überfluß, Freiheit von der Notwendigkeit gab. Die Hurwicz hat diesen V-Effekt im Widerspruch zwischen den Arbeitsbedingungen des Berliner Ensembles und den Arbeitsintentionen gesehen: »Er fand, daß der Spaß an der Arbeit nicht verlorengehen dürfe. Selbstverständlich wußte er den zwanglosen, um Termine unbekümmerten Umgang mit der Zeit, der ihm gestattet war, hoch einzuschätzen. Auch dieser gehörte wie die seinem Theater reichlich zur Verfügung stehenden finanziellen Mittel zum Luxus, mit dem in unseren ›finsteren Zeiten‹ erstaunlicherweise Kunst betrieben werden konnte.«[69]

Luxus zur Darstellung der Armut – ein V-Effekt, der Brechts prägende Theaterarbeit ermöglichte. Ein V-Effekt jedoch, der nicht mehr eine Veränderung der Bedingungen zum Ziel haben konnte, die Brecht diesen Luxus ermöglichten.

# Brecht und die Folgen

»Unsere Klassiker haben ihre Werke nicht dazu geschrieben, daß der Betrieb des Augsburger Stadttheaters fortgeführt werden kann.«

*»Augsburger Theaterkritiken«,* GBA XXI, 86

Nach seinem ersten Stück, dem »Drama in einem Akt« mit dem Titel »Die Bibel«, das der fünfzehnjährige Realgymnasiast schrieb und unter dem Pseudonym Bertold Eugen in der Schülerzeitschrift »Die Ernte« 1914 veröffentlichte, hat Bertolt Brecht 32 als selbständig bezeichnete Stücke geschrieben, ferner 6 Bearbeitungen, 7 Einakter, die Vorlage für ein Ballett (»Die sieben Todsünden der Kleinbürger«) und das Drehbuch für einen Film (»Kuhle Wampe«). Zahlreiche nur bis zu Fragmenten oder gar zu Projekten gediehene Szenen ergänzen das dramatische Œuvre.

Und als ob die Bühne von diesen vielen Stücken nicht genug gehabt hätte, hat sie sich auch noch die nicht für das Theater geplanten »Flüchtlingsgespräche« und den für die theoretische Einübung der Schauspieler konzipierten »Messingkauf« in erfolgreichen Aufführungen zu eigen gemacht, hat auf so widersprüchliche Fragment-Ruinen wie den »Fatzer« zurückgegriffen.

Brecht war und ist ein vielgespielter Autor, dessen Werke – sieht man von der langen Periode der Emigration ab – von den Bühnen immer wieder neu erprobt wurden, wobei es zeitliche Vorlieben gab: mal galt das Hauptinteresse den großen antifaschistischen Zeitstücken (vor allem dem »Ui«, »Furcht und Elend« und dem »Schweyk«), mal den großen

Parabeln, in denen Brecht sich mit den herrschenden Vorstellungen von Krieg, von Güte in einer entmenschten Welt, von Natur- und Besitzrecht und der Schuld der Wissenschaft auseinandersetzte (»Courage«, »Der gute Mensch von Sezuan«, »Der kaukasische Kreidekreis«, »Galilei«). Diese vier großen Werke sowie das »Volksstück« vom »Puntila« haben sein Bild in der Öffentlichkeit nach der »Dreigroschenoper« am nachhaltigsten geprägt.

Eine ganze Generation von Dramatikern und Stückeschreibern, die auf Brecht folgte, wäre ohne die Auseinandersetzung mit seinem Werk und seiner Theorie nicht vorstellbar. Max Frischs »Biedermann und die Brandstifter«, ein »Lehrstück ohne Lehre«, oder »Andorra«, ein Modell, wären in ihrer parabolischen Form ohne Brecht ebensowenig denkbar wie Dürrenmatts als »tragische Komödie« deklariertes Exempel über die Korrumpierung durch Wohlstand, »Der Besuch der alten Dame«, oder »Die Physiker« als versuchte Antwort auf den »Galilei«.

Die DDR-Dramatik hätte in toto ohne Brecht so nicht stattgefunden, ob nun Peter Hacks, der sowohl an Brechts »Hofmeister-Bearbeitung« (»Die Kindermörderin«, »Der Müller von Sanssouci«, »Die Schlacht bei Lobositz«) als auch an die »Dreigroschenoper« (»Polly«) anknüpfte und dessen »Moritz Tassow« und »Die Sorgen und die Macht« Helden hat, die aus der Baal-Tradition stammen, ob nun Heiner Müller (dessen »Philoktet« gewiß am Antigone-Modell geschult ist), ob Hartmut Lange, dessen »Marski« ohne »Puntila« nicht denkbar wäre, ob Baierl, dessen »Frau Flinz« eine Art Fortsetzung der »Mutter Courage« in DDR-Zeiten darstellt oder Strittmatter, dessen »Katzgraben« Brecht selbst noch aufführte.

Westdeutsche Dramatiker haben wie Walser den »Schweyk« in kritischer Auseinandersetzung weiterzuführen versucht

(»Eiche und Angora«) oder die Figur des Mauler auf die westdeutsche Restauration übertragen (»Krott«). Kipphardt wollte in seinem Stück »Der Hund des Generals« den »Schweyk« ausdrücklich ergänzend korrigieren, in »Oppenheimer« den »Galilei« weiterdenken und im Fall der Bearbeitung der »Soldaten« auf dem »Hofmeister« aufbauen. Grass gar hat Brecht selbst zum Parabelhelden eines wenn auch kurzlebigen und kurzschlüssigen Stücks (»Die Plebejer proben den Aufstand«) gemacht. Episierungsformen wie das Dokumentartheater von Peter Weiss (»Die Ermittlung«) oder die Luther-Entheroisierung von Dieter Forte (»Luther, Münzer oder die Einführung der Buchhaltung«) basieren erkennbar auf Brechts Theorie und Praxis.

So allumfassend und fast allgewaltig der Einfluß und die Wirkungen Brechts auf das Theater der 50er und frühen 60er Jahre waren, so jäh ist dieser Einfluß gerade in den 70er Jahren erloschen – vielleicht gerade, weil er vorher so groß gewesen war, allem ihm Nachempfundenen den Stempel der Epigonalität aufgedrückt und in fast allen westlichen, »kapitalistischen«, Folgewirkungen deutlich gemacht hatte, daß die Trennung von der marxistischen Überzeugung nicht etwas Beiläufiges, sondern etwas Entscheidendes wegließ, in fast allen östlichen, »sozialistischen«, Folgewirkungen, daß Brechts Modell nicht in eine Gesellschaft hereingemogelt werden kann, die sich von Antagonismen frei wähnt.

1968, zu Brechts siebzigsten Geburtstag, artikulierte Peter Handke zum ersten Mal ein weitverbreitetes Unbehagen an den Stücken des Stückeschreibers. Das Unbehagen hatte Ursachen und Gründe, die, auf den ersten Blick, nur zum Teil dem Werk Brechts selbst zuzuschreiben sind.

Denn Brechts Stücke waren, mit guten und mit weniger guten Gründen, ein wesentlicher Bestandteil der kulturellen und kulturpolitischen Auseinandersetzung der Nach-

kriegsjahre. Das Antikriegspathos der »Mutter Courage« prägte die Zeit, die mit dem Etikett »Bewältigung der Vergangenheit« sich aufmachte, die Schlacken der Endsiegideologie zu beseitigen: Brecht wurde, ob er es wollte oder nicht, zum Propagandisten gegen die Propagandisten und geriet dann prompt in neue Schützengräben – in die des Kalten Krieges. Brechts Stücke gewannen über ihre theatralische und über ihre gewollte politische Bedeutung hinaus eine Sprengwirkung gegen die sich verkrustende westdeutsche Restauration. Sie mußten gegen einen antikommunistischen Brechtboykott durchgesetzt werden, ihre Aufführungen waren nonkonformistische Akte gegen einen herrschenden Konformismus, der sich in der Revolte des Jahres 1968 erledigte – dabei geriet Brecht in Gefahr, gleich miterledigt zu werden.
Peter Hacks, zumindest in seinen früheren Stücken fast blinder Brecht-Epigone, mahnte vorsichtig: »Brechts Wirklichkeit war die der ersten Hälfte des zwanzigsten Jahrhunderts. Unsere Wirklichkeit ist schon anders, unsere Methoden müssen anders aussehen als die Brechts, wenn sie Brechtsche Methoden sein wollen.«[70] Dies ist zumindest noch ein Brecht-getreuer Gedankengang, dem Meister nachformuliert, der vor der »Einschüchterung durch Klassizität« gewarnt[71] und immerhin über Shakespeare gesagt hatte: »Wir können Shakespeare ändern, wenn wir ihn ändern können«.
Martin Walser hatte das Unbehagen schon einige Jahre früher angedeutet. Der Brecht-Boykott war dem Brecht-Boom gewichen, Brecht hatte, wie es Frisch ausgedrückt hatte, die durchschlagende Wirkungslosigkeit eines Klassikers, was Walser zu der Bemerkung zuspitzte: »Die Courage könnte man schließlich auf jeder ›Villa Hügel‹ dieser Welt en suite spielen, und es würde sich nichts ändern.«[72]

Das war soweit Ausdruck einer Ernüchterung nach einer überschätzten Fanal-Wirkung.
Aber Walser ging einen vorsichtigen Schritt weiter: Brecht habe, unter dem Bann der alten Tragödienlehre, deren Wunsch nach möglichst großer Fallhöhe geteilt: »Ein Mensch ist immer noch zu wenig. Das Gesetz für Tragödien wird gegen alle Dialektik sozusagen stillschweigend akzeptiert, obwohl es doch aus ganz anderer Zeit stammt. Und seine Figuren und Fabeln hat Brecht – darin Goethe sehr verwandt – je länger je lieber in ein irdisches Jenseits versetzt. Doch wahrscheinlich auch um der Möglichkeit willen, die Figuren groß und berühmt machen zu können. Er konnte zwar Größe und Berühmtheit als Chemikalien für Verfremdung rechtfertigen; aber ebensosehr kann man in seiner Lust zur Verfremdung die Sehnsucht nach großer Figur und großer Fabel entdecken. Wie man's auch drehen mag, er wollte die Verhältnisse ideal abbilden. Halbwegs realistisch ist nur das Gesetz, nach dem seine Fabeln verlaufen. Der Stoff ist es nicht, deshalb können seine Figuren nur realistische Einsprengsel sein … Realistisch ist nur die Tendenz, das Bewegungsgesetz. Die Figuren aber sind aus dem Stoff, aus dem die Märchen sind und die Legenden.« Walsers Folgerung für Brecht: »Er gehört zur Vergangenheit. Nicht zum alten Eisen, sondern zum alten Gold.«[73]
Handke wurde da 1968 deutlicher. Auch er sah märchenhafte Überhöhungen anstelle von Realität. Was Walser Märchen, Legenden genannt hatte, nannte er »Idyllen«. Aber aus Walsers Gold wurde Blech: »Brecht ist, verglichen mit Autoren seiner Zeit … sicherlich ein Trivialautor. Ich konnte ihn nie leiden, weder seine früheren genialischen Kraftmeiereien, noch seine vorsichtigen, gehemmten Lehrstückchen der mittleren Periode, noch seine späteren aufgeklärten Weltproblemstücke, noch seine letzten abgeklärten

chinoiden Teekannensprüche. Seine Denkmodelle scheinen mir, wenn ich an die Kompliziertheit meines eigenen Bewußtseins denke, allzu vereinfacht und widerspruchslos: alle gegebenen Widersprüche werden beseitigt von dem einzigen großen Widerspruch, den es für Brecht gibt: den zwischen den Zuständen, wie sie nach seiner Meinung sein sollten: in dieses glatte Widerspruchsmodell gehen alle Widersprüche des Bewußtseins auf und bleiben nicht geordnet-ungeordnet wie bei Beckett, der kein so einfaches Denkmodell wie das marxistische kennt. Deswegen ist Brecht so einfach, vereinfacht: er zeigt zwar die Widersprüche, aber er zeigt auch die einfache Lösung dafür. Diese Lösung ist aber für mich nichts als ein Bonmot oder ein Aphorismus, in dem eine mögliche Ordnung der Welt behauptet wird, die man an die Stelle der Widersprüche setzen könnte. So geht alles bei ihm auf wie in einem Denkspiel, einfach und manchmal auch spannend, ergreifend (so sagt man), manchmal auch schön, daß es gar nicht mehr wahr ist. Seine Arbeiten sind Idyllen. Meine Wirklichkeit verhöhnt sie in jedem Augenblick. Meine Welt ist nicht mehr in satzweisen Wahrheiten klarstellbar, nicht mehr in Slogans von der Freundlichkeit, nicht mehr in der Lüge seiner Stücke, die Illusionen immer wieder nötig haben, um Desillusionen zu ermöglichen, und die diese Desillusionen als die große Illusion benutzen: die Desillusionierung ist eine einzige Illusion, und gefährlicher noch als die naive Illusion! Als reine Formspiele kann ich die Stücke Brechts noch ertragen, als unwirkliche, aber doch ergreifende Weihnachtsmärchen, weil sie mir eine Einfachheit und eine Ordnung zeigen, die es nicht gibt.«[74]

War Peter Handkes Desinteresse an Brecht (das übrigens in ein leidenschaftliches Plädoyer für den Brecht-Zeitgenossen Horváth mündete) 1968 noch so etwas wie ein Einzelfall,

so brachte das Erscheinen von Klaus Völkers Brecht-Biographie 1976 eine allgemeine Brecht-Ermüdung und Brecht-Ernüchterung an den Tag, nicht so sehr durch das, was man der ersten umfassenden Brecht-Biographie vorwarf oder was man in ihr vermißte, sondern dadurch, daß man konstatierte, das Buch falle in ein Vakuum mangelnden Brecht-Interesses: »Wie wichtig wäre ein solches Buch gewesen zur Zeit des Kampfes um Brecht, wie dringlich hätten wir etwa in den fünfziger Jahren diese Informationen, diese Hintergründe benötigt«, konstatierte Joachim Kaiser, und Hans Mayer stellt fest, daß Völker geflissentlich dem Thema »Brecht heute« ausgewichen sei, was Benjamin Henrichs zu einer zumindest verständnisvollen Sympathie für Völkers »mißliche Position« führt: Das Buch »soll nun, gleichsam im Alleingang, das ›Brecht-ist-tot‹ Gerede widerlegen oder wenigstens krönend abschließen.«
Jedenfalls existiert es, das »Brecht-ist-tot«-Gerede, das erschlaffte Achselzucken über einen Autor, von dem man jetzt wohl ein wenig kleinlaut sagt, man habe ihn etwas voreilig zu dem Dramatiker des Jahrhunderts hochstilisiert.
Sucht man nach Gründen für die momentane Brecht-Flaute, dann bieten sich Symptome rasch an. Der Niedergang des Berliner Ensembles von der aktivistischsten Theaterwerkstatt zum braven Brecht-Museum, ja Brecht-Mausoleum, ist ein solches Symptom. Das Desinteresse vieler wichtiger Regisseure an Brecht ist ein weiteres. Man mag anführen, daß auf einen Wellenberg der Begeisterung ein Wellental der Ernüchterung zwangsläufig folgen müsse und daß die Begeisterung natürlich ebensoviel ungerechte Überschätzungen enthielt wie die ernüchterte Langeweile Unterschätzungen.
Es ließe sich weiter sagen, daß die Zeitgenossen sich an Brechts parabolischen Verallgemeinerungen, an der un-

beirrbaren, nahezu olympisch zu nennenden Sicherheit sattgesehen hätten, daher zu den milieudichten Stücken Horváths, den dort verzeichneten Irritationen und Unsicherheiten tendierten.

Es ließe sich anführen, daß Brechts Fragestellungen und Antworten mit den gegenwärtigen Problemen nichts zu tun hätten: weder die Emanzipation noch die Umweltproblematik waren seine Themen. Seine unerbittlich gestellte soziale Frage kannte keinen Geschlechterkrieg, seine Kapitalismus-Kritik sah die hungernden Arbeislosenheere eines Manchester-Kapitalismus, nicht die leise wegrationalisierten Arbeitsplätze mit einer Depravierung, die sich eben nicht mit der fehlenden Hand voll Reis ausdrücken läßt.

Nun sterben Dramen nicht daran, daß ihre Themen rein äußerlich weggewelkt sind. Brechts eigene Begründung dafür, historisch gewordene Dramen als Beispiel für die Klassenkämpfe vergangener Epochen aufzuführen, müßte, selbst wenn man diese Einengung auf ein einziges Thema nicht akzeptiert, auch auf Brecht anwendbar sein. Und, falls sie es nicht ist, müßte das, was wir heute an Brecht vermissen, was wir heute an seinen Stücken aussetzen, von Anfang an gefehlt haben.

Gemeint ist nicht, daß Brechts Werk von Anfang an und vor allem in den fünfziger Jahren von politischen Gegnern angenörgelt oder von spießigen Gaumenfreunden eines kulinarischen Leerlaufs als zu anstrengend, zu lang, zu unpoetisch angemotzt wurde. Alfred Kerr, der ohne jeglichen Versuch einer Begründung das »Dickicht« als »völlig wertlosen Kram« bezeichnete oder zum »Leben Eduards des Zweiten« nur wie ein selbstgefälliger Gymnasiallehrer seinem Zögling zum Berufswechsel riet (»Jemand kann Zitherspieler werden. Jemand kann Möbeltischler werden. Jemand kann Lithograph sein oder im Baugeschäft. Aber warum Dramatiker – wenn ihm just diese Fähigkeit mangelt?«) ist der Stammvater dieser nur herumraunzenden Brechtkritik. Die Wiener Kritiker Torberg und Weigel, die für einen Brecht-Boykott in Österreich sorgten, sind in ihrer Mischung aus Antikommunismus und Kaffeehaus-Überheblichkeit die leuchtendsten Beispiele dieser Nicht-Auseinandersetzung.

So schreibt Hans Weigel über eine »Galilei«-Aufführung: »Da streiten sich die Leut' herum, ob man Brecht, den Schmäher des Westens und Lakeien Pankows, spielen soll, weil er ein Dichter ist, tun liberal, sind stolz darauf, daß sie Kunst und Politik trennen, und merken nicht, daß die Frage falsch gestellt war. Tragbar? Untragbar? Unerträglich! (Bis auf die Dreigroschenoper, und die ist vor allem von Weill)«[75]

Und Friedrich Torberg schreibt über den »Guten Menschen von Sezuan«: »Aber wenn die westliche Brecht-Konjunktur anhält (was sie zweifellos tun wird) und wenn das verwegene Hochgefühl, durch den Besuch einer Brecht-Aufführung etwas für die friedliche Koexistenz geleistet und zugleich der Regierung Adenauer ein Schnippchen geschlagen zu haben, allmählich an Reiz verliert, dann wird man wohl oder übel merken, wie verzweifelt altmodisch dieses ganze epische Theater ist und mit welch primitiven Mitteln sein Erfinder uns darüber hinwegzutäuschen versucht hat.«[76]

Hier, immerhin, wird bei allem Politgeraunze die Frage nach den Mitteln des epischen Theaters gestellt. Und diese Frage ist, entkleidet man sie von Floskeln wie »primitiv« oder »altmodisch«, das Argument mit dem Brecht groß und klein gemacht worden ist. Klein gemacht, weil er seine Figuren klein gemacht hat, sie zu Marionetten an Fäden eines vorausbestimmbaren historischen Prozesses degradierte – so jedenfalls sieht es Heiner Müller, der wichtigste DDR-Dramatiker nach Brecht. »Was ich an Brecht – wenn man ihn mit Shakespeare vergleicht – im Moment ein bißchen langweilig finde, ist, daß er Figuren kleinmacht. Das mag in einer anderen historischen Epoche richtig gewesen sein. Jetzt kommt es, glaube ich, mehr darauf an, den subjektiven Faktor wichtig zu machen.«[77] Brechts eiserner, als Selbstdisziplin gegen die eigenen Subjektivismen wütender Objektivierungsdrang stellt sich hier einer neuen Zeitstimmung in Ost wie in West entgegen – Müller artikuliert das gleiche wie Handke, wenn dieser die »Kompliziertheit des eigenen Bewußtseins« bei Brecht von dem »einzigen großen Widerspruch« beseitigt sieht.

Im Grunde war auch Dürrenmatts Einwand gegen Brecht, bei dem die aufsässige Bewunderung des Schülers gegen den Lehrer mitschwang, auf die gleiche Verkürzung in der scheinbaren Objektivierung aus: »Die Brechtsche These, die er in seiner Straßenszene entwickelt, die Welt als Unfall hinzustellen und nun zu zeigen, wie es zu diesem Unfall gekommen sei, mag großartiges Theater geben, was ja Brecht bewiesen hat, doch muß das meiste bei der Beweisführung unterschlagen werden: Brecht denkt unerbittlich, weil er an vieles unerbittlich nicht denkt.«[78]

Abgesehen von der Dürrenmattschen Verkürzung, daß Brecht in der wohl eher technisch gemeinten Straßenszene die Welt als Unfall schildere (was ja eher Dürrenmatt tut) – steckt da auch wieder die richtige Feststellung, daß Brecht uns fremd zu werden droht, weil er alles zur Objektivität reduzierte: in der Straßenszene zählt nur, was für den objektiven Hergang des Unfalls wichtig ist, in Brechts Dramen nur, was den objektiven Verlauf der Geschichte belegt.

Genet, den Brecht sicher zur Antipoden-Kaste der visionären Dichter gesteckt hätte, meint lapidar: »Brecht hat nur

Quatsch gesagt. Bei Brecht weiß ich immer, was kommen wird. Nichts von dem, was Strindberg sagt, kann anders als auf dichterische Weise gesagt werden. Alles, was Brecht sagt, kann in Prosa gesagt werden und ist in Prosa gesagt worden.«[79]

Wenn das, was Genet von Brecht sagt, von den Zeitgenossen übernommen wurde, so verdeutlicht es die (momentane) Fremdheit gegenüber parabolischer Dichtung, die »übersetzt«, was sich auch anders sagen ließe und die in dieser Übersetzung den subjektiven Eindruck zur objektiven Gültigkeit umformen möchte – ein Element, das Brecht zum »Klassiker« macht, nicht, weil wir seine Werke kanonisiert hätten, sondern weil er die kanonisierte Allgemeingültigkeit selbst anstrebte. Benjamin Henrichs, der Genet zustimmend zitiert, bringt die Parabeln Brechts auf die Formel: »Brechts Stücke sind keine Dramen, sondern dramatisierte Lektionen. Lektionen sind Gebrauchsgegenstände. Wenn sie gelernt sind, werden neue Lektionen notwendig. Die ständige, liturgische Wiederholung des längst Begriffenen (wie in Brecht-Inszenierungen heute) gibt Lehrern wie Schülern das bequeme Gefühl, man habe ausgelernt. Die Mitteilung, daß die Welt änderbar sei, wird dann genauso gerührt zur Kenntnis genommen wie etwa der Satz eines schon älteren Klassikers, der Starke sei am mächtigsten allein.«[80]

Die Nähe zu Schiller, dem Klassiker, von dessen idealischer Mitreißdramatik sich Brecht am weitesten entfernen wollte – hier taucht sie wieder auf, und in der Tat beschränkt sich Ähnlichkeit und Verwandtschaft darauf, daß beide das Theater zur moralischen Anstalt umformen wollten (was anderes als Moral ist es, wenn man den Zuschauern den einmal als gültig und richtig erkannten Ablauf des Weltprozesses in Lehrstücken und Parabeln, mit einem fabula docet, vermitteln will?). Die Ähnlichkeit ist vielmehr in so grandiosen Reduktionsabsichten zu sehen, wie sie sowohl für Schiller wie auch für Brecht kennzeichnend sind. Schiller wollte das Beschränkte auf ein Unendliches reduzieren, Brecht meinte, umgekehrt, das Unendliche auf ein Beschränktes zurückführen zu können und hat damit doch das Subjektive auf ein scheinbar Objektives reduziert. Beiden gibt das den Charme und die Gefahr der Trivialität. Die Stücke beider werden dadurch zu Zitatenarien.

## Die Umfunktionierungen

»Ich bin ein Stückeschreiber. Ich zeige
Was ich gesehen habe. Auf den Menschenmärkten
Habe ich gesehen, wie der Mensch gehandelt wird. Das
Zeige ich, ich, der Stückeschreiber.«

*»Lied des Stückeschreibers«*, GBA XIV, 298 f.

Genet kritisierte an Brecht nicht nur die lehrgerechte und lernbare Übersetzung, die Sucht, das Visionäre gegen das Paradigmatische einzutauschen, sondern auch, daß man bei Brecht immer wisse, was kommen werde.

Auch dies dürfte kein nur neues, zeitbedingtes Leiden an alten Stücken sein, sondern müßte ihnen von Anfang an, wenn auch verborgener als heute, innewohnen. Wenn Genet als Gegenbeispiel Strindberg anführt, wird klar, woher sein Gefühl des Vorauswissens bei Brecht rührt. Brecht hat, um des einen großen Antagonismus willen, dem zwischen der Gesellschaft und dem Menschen, alle anderen Antagonismen aus seinem Werk mühevoll und unter individuellen Entsagungen eliminiert: etwa den Antagonismus Natur–Kultur, Natur–Natur. Um dafür wieder ein Beispiel aus den »Anmerkungen« zu den Stücken zu zitieren, aus dem »Vorwort« zu »Trommeln in der Nacht«: »Ich war also bereit, die Liebesgeschichte zu liefern, aber natürlich interessierte mich daran hauptsächlich die Besitzfrage.«[81]

Man muß an dieser Stelle deutlich sagen, daß Brechts Drama, Brechts Theater von Anfang an immer eine Antwort auf das bestehende, von ihm vorgefundene Theater war, daß er also seine Stücke nicht »an sich« schrieb, sondern als Korrekturen, als Ergänzungen, Richtigstellungen, ja Erledigungen von anderen Stücken. Sie sind oft auch korrigierende Parodien: »Baal« auf Johsts »Einsamen«, »Trommeln in der Nacht« auf das expressionistische Heimkehrerstück als Gattung, »Im Dickicht der Städte« auf die »Räuber«, die »Dreigroschenoper« auf die »Beggar's Opera«, »Die Rundköpfe und die Spitzköpfe« auf »Maß für Maß«, die »Heilige Johanna« auf die »Jungfrau von Orleans«.

Das Entscheidende an der Aneignung durch Parodie, an einer Umstülpung der Vorbilder, bei der diese vom Kopf auf die Füße gestellt wurden, ist Brechts Reduktion von Themen auf die ökonomische Basis, die so vollkommene »Materialisierung« seiner Stücke, daß sie zur neuen Idealisierung, weil zum neuen Ausschließlichkeitsdogma wurde – man muß diese Reduktion als radikale Antwort auf eine vorherrschende Literatur sehen, die ökonomische Zusammenhänge leugnete, verschwieg oder zumindest verharmloste.

Dieser Impuls war bei Brecht von Anfang an da. Der zwanzigjährige Augsburger Theaterkritiker Brecht hat schon seine ganze gerechte Wut über die rührselige Verlogenheit, mit der ökonomische und gesellschaftliche Abhängigkeiten getarnt wurden, an dem Stück »Alt-Heidelberg« ausgelassen: »In diesem Saustück steht eine Szene, die unerhört grauenhaft ist. Ein alter Mann kommt zu einem prinzlichen Deppen, um eine Position zu erbetteln, und der Depp läßt ihm ein Abendmahl bringen. Der alte Mann ist Korpsdiener, deutsche Jünglinge haben ihn gedrillt, so daß er nimmer gerad gehen, nimmer ruhig reden, nimmer anständig denken kann. Und deutsche Mütter und zukünftige Mütter beklatschen gerührt das alte, widerliche, würdelose, verhunzte Wesen und lachen über seine Anhänglichkeit, freuen sich, wenn es sich auf den Bauch schmeißt, die Hände des Deppen küßt. Und dann schlürft der sympathische alte Mann hinaus, und an der Tür, merken Sie auf, an der Tür sucht er in seiner weißen Weste nach einem Trinkgeld für den Kammerdiener, findet keines und gibt ihm – die Hand. Und da lacht das ganze Haus aus vollem Herzen; denn wie unglaublich lächerlich ist es, wenn ein kleiner Korpsdiener einem herzoglichen Kammerdiener ein Trinkgeld geben will, und wie geradezu zum Wälzen komisch ist es, überhaupt einem Diener die Hand zu geben!«[82]

Hier ist der moralische Impuls für Brechts Dramatik, die Verhältnisse so abzubilden, wie sie sind, in der hohn- und haßvollen Abwehr gegen ein Theater, das sich auch noch auf Kosten der Opfer lustig macht, bereits formuliert. Und es kommt ebenfalls zum Ausdruck, daß das Theater etwas mit dem Zuschauer anstellen müsse, damit Mütter nicht das künftige Los ihrer Söhne gerührt und lachend beklatschen. Mit ein wenig Überinterpretation kann man in dieser Rezension sogar eine erste Anwendung der plakativen, pädagogischen, verfremdenden Mittel des Autors Brecht finden, nämlich in der eingeschobenen Adresse an den Leser »Merken Sie auf!«.

Brecht hat die vorgefundene hierarchische Perspektive der Literatur stets einer Korrektur unterworfen. Sein Programm ist in dem im Svendborger Exil entstandenen Gedicht »Fragen eines lesenden Arbeiters« formuliert: »Jede Seite ein Sieg. / Wer kochte den Siegesschmaus? / Alle zehn Jahre ein großer Mann. / Wer bezahlte die Spesen? / So viele Berichte. / So viele Fragen.«[83]

So hat er sein Werk zu einem einzigen großen Bericht umstilisiert, der die offenen Fragen der anderen Berichte korrigierte und mit der Frage parodierte »Wer bezahlte die Spesen?«.

Ob er Molières »Don Juan« umschrieb, um aus dem sexuellen Libertin einen erotischen Ausbeuter zu machen, ob er für das Berliner Ensemble eine Bearbeitung des Beckettschen »Godot« plante, bei der die Figuren aus der Beckett-Endspiellandschaft des Niemandslandes zu adligen Herren und ihren Knechten umfunktioniert werden sollten, oder ob er Shakespeares »Coriolan« aus der Perspektive derjenigen erzählte, die den Siegesschmaus zu kochen, die Niederlage zu berappen hatten – stets blieb dieser Perspektivenwechsel, dieses Erzählen aus der Perspektive der Betroffenen die kopernikanische Wende, die er im Drama vollziehen wollte.

Zu Shakespeares »Romeo und Julia« schrieb Brecht zwei Szenen, »zu spielen zwischen der 1. und 2. Szene des II. Aktes«, die das Stück aus der Knecht- und Bedientenperspektive kommentieren sollen, und zwar genau vor dem großen Gefühlsaufschwung der Balkonszene[84]: Romeo hat, weil er Geld braucht, ein Grundstück verkauft und damit seinen Pächter heimat- und brotlos gemacht; Julia kann einer ihrer Dienerinnen nicht frei für eine eigene Liebesnacht geben, weil sie für die Liebesnacht ihrer Herrin Aufpasserdienste leisten muß. Beide Szenen wollen sagen, daß das Gefühl der Großen auf den Diensten der Kleinen beruht. Oder verschärft: daß das Glück der Besitzenden auf dem Unglück der Bediensteten basiert.

Einmal abgesehen davon, daß Romeos Landverkauf, der seinen Pächter ruiniert (was Romeo nur zu dem egoistisch kaltschnäuzigen Ausruf »Könnt ihr Tiere nicht fühlen?« verleitet[85]), dramaturgisch nicht sehr zwingend in das Stück eingefügt wäre – denn der Landverkauf fände wohl besser später, vor Romeos erzwungener Flucht ins Exil, statt –, sind Brechts »Korrekturen« deutliche Zeichen einer Überinterpretation. Denn wer Shakespeares Stück genau zu lesen versteht, wird bemerken, daß die Rolle der Amme in dem Stück das von Brecht Beabsichtigte ohnehin deutlich genug macht.

Gerechterweise jedoch wird man auch sagen müssen, Brecht habe diese Szenen nur als »Übungsstücke für Schauspieler« deklariert; sie sollten also nur den Schauspielern beim Unterricht vermitteln, was sie bei der Darstellung von Gefühl mitzudenken, mitzuberücksichtigen hätten.
Als während der Proben zum »Urfaust«, den Egon Monk inszenierte, sich der technische Stab des Berliner Ensembles über die Gestaltung zweier Szenen beschwerte, nahm Brecht in einem Brief die Szenen in Schutz, zum Beispiel die »Schülerszene«: »Die erste der beiden Szenen, die Schülerszene, zeigt, wie der Teufel einen schlechten Professor spielt ... Dieser Lehrer ist nur interessiert an den Einnahmen, die er direkt oder indirekt von seinen Schülern ziehen kann, spricht nur zynisch von den Wissenschaften und rät dem jungen Mann, auch seinerseits einmal seine Wissenschaft, die Medizin, nur als zu melkende Kuh zu betrachten.«[86]
Hier wird die Brechtsche Gegenposition zur fast rührenden Verbiegung dessen, was im »Faust« und »Urfaust« steht, wo es, bei der Unterweisung des Schülers über das Medizinstudium, dem Teufel mit keiner Silbe darum zu tun ist, dem Schüler seinen künftigen Beruf mit Aussicht auf hohe Einnahmen schmackhaft zu machen, sondern er nur dessen Geilheit auf die Patientinnen weckt: Goethes dem Mittelalter entlehnter Teufel arbeitete vorwiegend mit Sex.

Brechts grandiose Entdeckung des Klassenkampfes in der Literatur macht ihn einseitig, ja blind für alles, was dieser seiner Einsicht im Wege steht, ihre Eindeutigkeit vieldeutig und zweifelhaft machen könnte. Wie alle großen »Entdekker« verabsolutiert er seine Entdeckung, er gleicht einem Detektiv, der ein sicheres Verfahren entdeckt hat, das Kapitalverbrechen des Mordes aufzudecken, und der nun auch in einem Zimmer, wo die Verführung einer Minderjährigen oder das Frisieren einer Bilanz stattfand, nur nach Mordindizien suchen kann.

Man muß das einmal dort nachzulesen suchen, wo Brechts eigene Autorität dieses Verfahren nicht mehr deckte und beglaubigte, um sich die ganze Öde, zu der die ursprünglich frische Entdeckung verkommen mußte, klarzumachen. Manfred Wekwerth, jetzt Leiter des Berliner Ensembles, hat das in einigen Notaten zur Arbeit am »Zerbrochenen Krug« und zum »Urfaust« festgehalten: eine ursprünglich als dialektisch gerühmte Methode, die zum scholastischen Leerlauf verkommen war – etwa, wenn Wekwerth beschreibt, wie der Gerichtsrat Walter ohne Änderung des Textes »umfunktioniert wurde«. Als Beleg für dessen »deutliche, klassenbedingte Grenzen seiner Rechtsauffassung«, die es zweifellos gibt, wird da ein solcher Unfug angeführt, daß Walter den Richter Adam zwar häufig rüge, nie aber offen »vor allem Volk«: »Seine Einwände und Rügen bringt er äußerst intim zu Adam. Es geht ihm viel mehr um das Ansehen des Gerichts als um die Gerechtigkeit. Er respektiert die Klassenzusammengehörigkeit mit Adam, die ihn gegen das Volk mit diesem verbündet.«[87]

Diese Interpretation, die schon vorher weiß, was sie nachher herausliest, reduziert Kleists Stück auf die Gegensätze Volk–Gericht, übersieht, daß der Dorfrichter aufgrund seiner Herkunft und Ausbildung zuweilen eher das »Volk« als das »Gericht« repräsentiert (von »Gebildeten« wie Walter und seinem Schreiber Licht droht seiner adamitischen Ungehobeltheit ja Gefahr) und daß der Richter ja den Schein des Gerichts zu wahren sucht, nicht um den Klassenfreund zu schonen, sondern weil er die Institution gegen einen allzu deftigen Aufsteiger schützen will.

Hier ist ein ursprüngliches Verfahren des Befragens von Texten zu einer Litanei längst gewußter Ergebnisse gewor-

den, denen sich die Texte nur anzupassen haben. Es war ursprünglich für das Theater eine Entdeckung, wenn Brecht beispielsweise, um den Tyrannenmord in »Julius Caesar« zu verfremden, den Brutus, während des Monologs, in dem er Caesar der Tyrannei bezichtigt, einen Sklaven mißhandeln lassen wollte. Aber aus Entdeckungen werden Denunziationen, wenn sich dieses Verfahren mechanisch verselbständigt, Theaterklischees die Wirklichkeit nicht aufhellen, sondern verstellen.
Es war die imponierende Einseitigkeit von Brechts Verfahren, die ihm seine Durchschlags- und Überzeugungskraft sicherte. Die gleiche Einseitigkeit macht seine Figuren aber auch flach: Man erwartet es von einem bourgeoisen Brutus nachgerade, daß er seinen plebejischen Sklaven mißhandelt, während er von Freiheit und Tyrannei spricht.
Wenn aber die gesellschaftliche Stellung allein jede nur notwendige Auskunft über Figuren erteilt, das Brecht-Theater alle anderen Auskünfte als Arabesken, Tarnungen, Verstellungen, Ablenkungen enttarnt und beiseite wischt, dann ist das Drama ein vorausentschiedenes Exempel und kein Abenteuer der Menschenforschung. Figuren werden genötigt, die Auskünfte über sich zu erteilen, die wir schon lange von ihnen wußten: Hamlet, »ein tiefsinniger Parasit«[88], Don Juan »eine sexuelle Großmacht«.[89] Der ursprüngliche Impuls, eine notwendige »Gegengeschichte« zu schreiben, die produktive Neugier an der Korrektur mündet, jedenfalls in manchen Resultaten des Stückeschreibers und bei fast allen Epigonen seiner Theaterarbeit, in ein ganz und gar nicht mehr neugieriges Vorauswissen.

## Die Parabel

»Wäre ich ein Maler! Die sind wie die Frauen:
Sie können immer.«

*»Tagebücher«*, GBA, XXVI, 126

Brechts Theater war, von den Anfängen an, Antitheater; das heißt, es war gegen das Theater gerichtet, das in der Jugendzeit des Autors die Bühnen beherrschte: das Drama in der Schiller-Nachfolge, also das deutsche idealistische Drama; das »naturalistische« Drama, das die Wirklichkeit »naturgetreu«, auch im Duktus des Dialekts, abzubilden schien; das Drama Ibsens, ein »analytisches« Theater, das seinen Ablauf als kausale Zwangskette aus den Sünden und Verfehlungen der Vergangenheit (das Urbild dafür ist der »Oedipus«) entwickelt.

Allen diesen Dramen ist gemeinsam, daß sie den Zuschauer durch den Schwung ihrer Handlung fesseln, mitreißen wollen, daß sie das Interesse des Zuschauers auf das Ende, auf den Ausgang richten, daß sie das Publikum durch die Illusion zu fesseln suchen, sie bildeten Wirklichkeit in den Figuren »mimetisch« (das heißt: das Leben nachahmend, kopierend) ab.

Gegen dieses Theater suchten und fanden Brecht und seine Vorläufer und Zeitgenossen (also etwa Wedekind und Klabund) Theaterformen, die auf die Funktionalität (das heißt: die Unterordnung aller Teile unter das Ganze) und die Finalität (das heißt: die Ausrichtung jeder Einzelheit auf das notwendige und folgerichtige, sich kausal aus den Einzelheiten ergebende Ende hin) sowie auf die mimetische, um

nicht zu sagen »fotografische« oder gar »filmische« Abbildung der Wirklichkeit verzichteten.
Sie finden diese Formen im Gleichnistheater des Mittelalters und des Barock, in den scheinbar unverbundenen Szenenfolgen des »Sturm- und Drang«-Dramas, (das dabei dem elisabethanischen Theater folgte), und in dem parabolischen Theater Asiens, wo Klabund wie Brecht ihre »Kreidekreise« herholten. Und sie fanden sie in der »Naivität« des Trivial- und Volkstheaters (etwa in parodistischer Form bei Valentin), das ebenfalls weniger auf die Abbildung der Wirklichkeit, mehr auf das »Exempel« aus ist.
Ein wichtiger Bestandteil dieses Brechtschen Antitheaters ist die der Parabel eigene Selbständigkeit der Teile, die nicht zur bloßen Funktion des Ganzen degradiert sind.
Detlev Schöttker, dem ich bei der Überarbeitung dieses (und anderer) Kapitel(s) manche anregende Korrektur verdanke, hat in seinem Buch *Bertolt Brechts Ästhetik des Naiven* darauf aufmerksam gemacht, daß dieser episierende Zug in der Literatur von Alfred Döblin 1917 in Zusammenhang mit der Erneuerung des Romans (auch er sollte epischer, weniger auf das Ende gerichtet sein) auf das schlagende Beispiel vom Regenwurm gebracht wurde (Schöttker 1989, S. 144): »Wenn ein Roman nicht wie ein Regenwurm in zehn Stücke geschnitten werden kann und jeder Teil bewegt sich selbst, dann taugt er nichts.«
Brecht, so Schöttker, zitiert das zwanzig Jahre später im Zusammenhang mit dem Wesen des epischen Theaters zustimmend: »Der Epiker Döblin gab ein vorzügliches Kennzeichen, als er sagte, Epik könne man im Gegensatz zur Dramatik sozusagen mit der Schere in einzelne Stücke schneiden, welche durchaus lebensfähig bleiben.« (Schöttker, S. 15, 263).
Da Brecht für seine Stücke die funktional auf das Ende ge-

richtete Spannung des herkömmlichen Dramas außer Kraft setzen wollte, hat er die Finalität aus dem Drama heraus über die Rampe zu tragen getrachtet: das heißt, die Stücke wollen und dürfen ihr Ziel nicht in sich selbst erreichen, sie sollen keine immanente Lösung enthalten, sei sie so idealistisch, daß das Drama, wie etwa bei Schiller, vorführt, wie im tragischen Untergang die »Menschheit« über die »Mode« triumphiert, sei sie so pessimistisch, daß sie mit Dürrenmatt behauptet, eine Geschichte sei dann zu Ende erzählt, wenn sie ihre schlimmstmögliche Wendung genommen habe.
Selbst da, wo man Brechts Dramaturgie mit einem gewissen Recht in die Nähe des finalen Abbildungstheaters rücken zu können glaubte, also etwa in den Szenen »Furcht und Elend des Dritten Reiches«, hat er das mit dem Hinweis auf die Montage-Technik der Szenenfolge korrigiert.
Die Aufhebung der herkömmlichen Immanenz und Finalität berief sich auf ein Theater, das wie das mittelalterliche Mysterienspiel in sich geschlossene Stationen statt Szenen aufwies und das in sich statisch ruhen konnte, weil seine Finalität (auf der Bühne vorgeführt als ständige Wiederkehr des Gleichen) die Bekehrung des Zuschauers war, der mit dem Appell angegangen wurde, sich die vorgeführten Wiederholungen und Umwege zu ersparen.
Dabei wird der Mensch bei Brecht nicht anders als im Barockdrama vom Subjekt zum Objekt. Die moderne Dramentheorie (zum Beispiel Szondi) hat das nicht ohne Grund als Fortschritt und Zerstörung einer Illusion begrüßt, weil an die Stelle der vom Drama behaupteten Fiktion eines handelnden Subjekts ein gehandeltes Objekt vorgeführt werde.
Andererseits wird man bei der Betrachtung von Brechts Stücken um die Feststellung nicht herumkommen, daß die Menschen mit der Desillusionierung über ihre Handlungsfähigkeit auf marxistischem Umweg in eine vorbürgerliche

Illusion zurückgeworfen werden, nämlich daß etwas Höheres, Vorbestimmtes für sie handle, mag man es nun Weltgeist, Bestimmung des Menschen oder List der Vernunft nennen.

Die offene Dramaturgie, die mit ihren Fragen und Konflikten den Zuschauer scheinbar anspringt, sich ihm mit der Bitte um Lösung überantwortet, ist in Wahrheit ein hermetisch geschlossenes System. Das läßt sich an dem wohl berühmtesten Beispiel, dem »Guten Menschen von Sezuan« und seinem vielgerühmten offenen Schluß verdeutlichen. Angeblich endet das Stück vollkommen »offen«, wie es der Epilog mit vorgegebener Ratlosigkeit behauptet: »Wir stehen selbst enttäuscht und sehn betroffen / Den Vorhang zu und alle Fragen offen.«[90] Dem Publikum selbst wird dann ein Fragenkatalog vorgelegt mit der von einem Schauspieler vorgeblich illusionslos vorgetragenen Problemstellung: »Was könnt die Lösung sein? / Wir konnten keine finden, nicht einmal für Geld. / Soll es ein andrer Mensch sein? Oder eine andre Welt? / Vielleicht nur andere Götter? Oder keine? / Wir sind zerschmettert und nicht nur zum Scheine! / Der einzge Ausweg wär aus diesem Ungemach: / Sie selber dächten auf der Stelle nach / Auf welche Weis dem guten Menschen man / Zu einem guten Ende helfen kann. / Verehrtes Publikum, los, such dir selbst den Schluß! / Es muß ein guter da sein, muß, muß, muß!«[91]

Nun kann man natürlich so tun, als glaubte man an diese offenen Fragen, wie Kinder, um keine Spielverderber zu sein, den Eltern vorgeben, an das Christkind zu glauben. In einer »Epilog«-Variante ist Brecht daher auch mit einer weniger illusionistischen Desillusion vorgegangen: »Zuschauer, wohnst du selber in solcher Stadt / Bau sie schnell um, eh sie dich gefressen hat!«[92] Dieser Schluß hat zumindest propagandistische Redlichkeit, während der andere – um einer

guten, nach Brecht um der besten Sache willen – ähnliche Scheinfragen stellt wie ein Waschmittelkonzern bei einem zu Werbezwecken veranstalteten Preisausschreiben.
Ist es das Ergebnis des Bemühens um einen mündigen, veränderungswilligen Zuschauer, daß diesem rhetorische Fragen eines Kinderkatechismus vorgelegt werden und die möglichen Antworten nach der vorgeführten Parabel eine Entscheidungsfreiheit zwischen »Lieber reich und gesund als arm und krank« zulassen?
Aber noch schlimmer: Um zu diesen Alternativen zu kommen, die keine sind, ist auch die gesamte Parabel schon gezinkt, weil sie dem Zuschauer vorhält, die bisherige miserable Welt würde dadurch instand gehalten, daß die Menschen sich immer noch an zermürbten kindlichen Gottesvorstellungen aufrecht hielten. Oder, wie Martin Walser es formuliert hat: um den Gegensatz zwischen Moabit und Grunewald darzustellen, mußte Brecht bereits nach China ausweichen. Und, so könnte man ergänzen, um die Spannungen zwischen gesellschaftlichem Sein und ideologischem Überbau abbilden zu können, mußte Brecht auf eine Gesellschaft zurückgreifen, der es einerseits um eine Handvoll Reis ging und die andererseits an einen nazarenischen Gottvater mit Bart glaubte.
Man kann das eine schöne parabolische Vereinfachung nennen. Aber man wird sich darüber wundern dürfen, mit welcher Sicherheit Brecht 1955 auf die Dürrenmatt-Frage antwortete, ob die heutige Welt durch Theater überhaupt noch wiedergegeben werden könne: »... genügt es vielleicht, wenn ich jedenfalls meine Meinung berichte, daß die heutige Welt auch auf dem Theater wiedergegeben werden kann, aber nur wenn sie als veränderbar aufgefaßt wird.«[93]
Ist das Veränderbare nur darstellbar, wenn man es zu einer Strichmännchenwelt à la Sezuan aufbauscht oder besser:

verharmlost? Der große Theatraliker Brecht war, was die Darstellung der Konflikte seiner Zeit anbelangt, nicht selten ein nicht ganz so großer »Übersetzer«.
Nun sind Brechts parabolische Übertragungen und Erfindungen nicht losgelöst von den Zeitumständen zu betrachten, unter denen sie entstanden. Brechts Kampf gegen Hitler und den Faschismus, der sich auch in so unerträglich einfältigen Parabeln für den alsbaldigen Gebrauch wie den im dänischen Exil entstandenen Einaktern »Dansen« oder »Was kostet das Eisen?« niederschlug, konterte damit die perfide einfältige Propaganda des Faschismus, sicher nach dem Motto vom groben Klotz und dem groben Keil.
Zudem hat Brecht mit seinen Parabeln ja auch ein neues Publikum gesucht und suchen müssen – nicht das durch Raffinement verwöhnte und verdorbene Bürgertum, sondern Leute, die bestenfalls durch die Schule der Trivialkünste gegangen waren, derer Brecht sich auch aus diesem Grund mit dem Mut der Selbstverleugnung korrigierend und sie umfunktionierend annahm. Schon allein deshalb hat Brecht sich den Impulsen des Laientheaters öffnen wollen und dabei stolz notiert, daß in dem Zusammentreffen zwischen Laienspielern und seinen »Profis« sich keinerlei Niveau-Unterschied gezeigt habe: »Es ist völlig falsch, wenn die professionellen Theater sich absperren gegen das Laientheater der Werktätigen … Als Helene Weigel 1932 in Berlin ›Die Mutter‹ spielte, traten neben ihr Laienspieler auf, ebenso 1951 in Berlin. Und sie spielte zusammen mit Laienspielern im Exil ›Die Gewehre der Frau Carrar‹ in Kopenhagen und in Paris. Die Aufführungen zeigten keinerlei Bruch.«[94]
Man muß hier einfügen, daß Brechts Vorliebe für das Ursprünglichere, vorgeblich Primitivere unser Theater unter anderem mit dem »Sturm und Drang« (anstelle der Klassik)

und mit den Elisabethanern vor Shakespeare vertraut gemacht hat, daß er jedoch andererseits bereit war, den Impuls, den diese Einfachheit für sein Theater erbrachte, nahezu selbstzerstörerisch zu überschätzen.

Die Simplizität seiner Parabeln hatte fraglos einen weiteren, sehr humanen Anlaß. Brecht war davon überzeugt, die Menschen würden mit Absicht in der Illusion gehalten, das, was ihr Leben ausmache und bestimme, sei für sie zu »schwierig«, zu »kompliziert«, als daß sie es auch nur durchschauen, geschweige denn ändern könnten.

Daß Brecht dies für ein Mittel und einen Trick hielt, um die Menschen unmündig zu halten, geht aus seiner Arbeit am Urfaust und aus seiner Bearbeitung des »Coriolan« hervor. Coriolan sah er als »Spezialisten« des Krieges an, unersetzlich wie alle Spezialisten: »Und, was den Helden betrifft, ist die Gesellschaft an einem andern Aspekt interessiert, der sie unmittelbar angeht, nämlich dem Glauben des Helden an seine Unersetzlichkeit. Diesem Glauben kann sie sich nicht beugen, ohne den Untergang zu riskieren.«[95] Und im »Urfaust« sah Brecht die »Dialektik der sich jung fühlenden bürgerlichen Klasse« am Werk, wenn gezeigt würde, wie ein »großer(n) Gelehrter« die »Gelehrsamkeit loszuwerden wünscht«.[96] Jedenfalls sollten seine einfachen Parabeln dem Zuschauer klarmachen, daß Fragen, die alle betreffen, auch so einfach seien, daß sie von allen erkannt und beantwortet werden könnten.

Brechts »Übersetzungen« ins Beispielhafte sind schließlich von der Absicht bestimmt, dem, was sie darstellen wollen, die Aura des Besonderen zu rauben. Diese Aura diene ihren Trägern – um sie enthoben, undurchschaubar, unangreifbar zu machen. Brecht will dem Zuschauer klarmachen, daß die erborgten Attribute, die doch scheinbar das Wesen des mit ihnen Geschmückten ausmachen, wirklich sein Wesen sind, hinter denen sich nichts verbirgt, ohne die es zum Nichts schrumpfen würde. Schon daher nennt er Mommsens Umbenennungen in der Römischen Geschichte Verfremdungen (wenn, wie zitiert, aus dem »Legat« der »General« wird, der uns weniger fern und feierlich vorkommt). Darum beschreibt er Molières »Don Juan« als Kleiderständer: »Er verführt durch sein Kostüm (und diese Art, es zu tragen), seine Stellung (und die Unverschämtheit, sie zu mißbrauchen), seinen Reichtum (oder seinen Kredit) und seinen Ruf (oder die Sicherheit, die ihm seine Berühmtheit bei sich selbst gewährt).«[97]

Darum auch »übersetzt« er Hitler im Arturo Ui, seine nationale Erhebung in einen »Karfiol-Trust«, das »Dritte Reich« in die Gangsterstadt Cicero.

Manfred Wekwerth meint daher auch, daß die Technik der Parabel im »Benutzen der Nicht-Identität von Bedeutung und Inhalt« bestehe und also »generelle Unangemessenheit« sei: »Die Bedeutung ist absichtlich gegen den Inhalt gestellt. So sind die Schlachthöfe Chicagos der Jahrhundertwende der am meisten ungeeignete Ort für eine heilige Johanna. Das Zusammentreffen aber von christlicher Naivität und Brutalität des kapitalistischen Systems, das sich auf eben dieses Christentum beruft, zerstört gewohnte Meinungen und Ansichten, die nur darum nicht mehr auffallen, weil man sich ihnen angepaßt hat. Die Parabel macht einen Trick: Sie gibt das Gleichnis nicht direkt, also moralisch, sondern sie versieht die parabelhafte Entsprechung – in diesem Fall die heilige Johanna – mit Eigenleben, daß sie auch als Heilsarmeemädchen der Jahrhundertwende denkbar wäre. So bleibt dem Zuschauer die Aktivität des dauernden Vergleichs.«[98]

Ein Trick: Wirklichkeit wird nicht in ihren Aporien geschildert, ihre Widersprüche werden nicht sichtbar gemacht,

sondern der Autor weiß vorher schon, welche Widersprüche er zeigen will, arrangiert also die Wirklichkeit so lange zur Parabel, bis sie paßt.
Im Falle der »Heiligen Johanna« geschieht das, wie beim »Guten Menschen von Sezuan«, gleich mit einem Doppeltrick: denn der wölfische Chicago-Kapitalismus wird mit einer anachronistischen Figur konfrontiert, der heiligen Johanna, von der niemand, auch nicht die Ideologen des verlogensten Ausbeutertums ernsthaft behaupten würden, sie sei als lebendige Gegenkraft noch vorhanden. Und diese Johanna wird mit einem »Eigenleben« als Heilsarmee-Mädchen der Jahrhundertwende ausgestattet: Es wird also, wie in den Götter-Götzen von »Sezuan«, eine Gegenkraft aufgeboten, die den Zuschauer nicht zur Aktivität ermutigt, sondern sie ihm eher abnimmt, weil er sie als Gegenkraft ohnehin nicht mehr ernst nehmen kann. Dieses allzu wirksame Arrangement um der Deutlichkeit willen steht deshalb auch in einem merkwürdigen, sich immer weiter vergrößernden Widerspruch zu den, laut Brechts Theorie, vom Brecht-Theater herangebildeten hochentwickelten Zuschauern, den »Kindern des wissenschaftlichen Zeitalters«. Die Einfachheit, auf die scheinbar schwierige Fragen in der Parabel gebracht werden, schlägt zurück auf das Arrangement, ihr Zuschauer hält die Darstellung für versimpelt, ja verfälscht, wenn sie, um als Abbild der Realität zu erscheinen, erst so trickreich arrangiert werden muß.
Und die Parabel stirbt mit ihrem »unangemessenen Angriff« auf die Aura, sobald die Aura ohnehin nicht mehr da ist. Im »Arturo Ui« wirkt heute nur noch die krampfhafte Übersetzermühsal nach, da Hitler ohnehin auf keinem Podest mehr steht. Der Zuschauer bemerkt, wie wenig das Stück ein Eigenleben hat, weil er dauernd in Versuchung ist, sich die Bühnenvorgänge in die historische Wirklichkeit

zurückzubuchstabieren – ein Puzzle in Zeitgeschichte für Anfänger.

Merkwürdig stark und lebendig bleiben solche Szenen, wo die Parabel ohne Übersetzung der Wirklichkeit folgt, Wirklichkeit also unparabolisch direkt darstellt: der Schauspielunterricht Hitlers, auch Röhms Unglauben vor Hitlers Verrat – eine Szene, die in ihrer Objektivität an Shakespeare-Szenen gemahnt.

Seltsam schwach und papierern sind gerade die parabolischsten Szenen geworden: der Anschluß Österreichs als parabolische Parodie von Fausts Gartenszene, inklusive Religionsgespräch, bringt sich, wie ein Primanerulk, um jegliche Realität, weil man hier als Zuschauer gleich nach zwei Seiten hin übersetzt – zurück zu Goethe und zurück zum Obersalzberg.

Doch müßten solche Kunsteinwände verstummen, wäre das Theater auf diese Weise wirklich das Instrument geworden, das seine Zuschauer zu aktiven Veränderern der Welt formt. Wekwerth scheint da wenigstens Chancen zu wittern, sonst hätte er das Folgende nicht allen Ernstes formuliert: »Selbst Leute, die dem Theater Überlebenschancen geben, werden unsicher, wenn man sie nach den Konflikten fragt, die das wissenschaftliche Zeitalter dem Theater liefern wird. Denn wenn das Theater mehr und mehr helfen wird, Konflikte, Katastrophen, Zusammenbrüche, ja Krisen und Kriege aus der Welt zu schaffen, schafft es sich da nicht selbst aus der Welt?«[99]

Man ist versucht zu antworten: Falls es so wäre, könnte man, ohne Krisen, Konflikte, Kriege und Katastrophen, das Theater dann auch leicht entbehren. Der Preis für eine endlich glückliche Menschheit schiene nicht einmal dem größten Theaternarren zu hoch. Es ist ein alter, platonischer Traum: Bei aller Wertschätzung der Dichter hielt Plato ihren Einfluß für überflüssig, ja schädlich. Allerdings nur in einem vollendeten Gemeinwesen. Bis es dazu kommt, in der Zwischenzeit jedoch kann man es sich nicht einmal so einfach machen, das schwindende Interesse an Brechts Stükken daraus abzuleiten, die Welt wäre um so vieles freundlicher geworden, daß sich die Brechtschen Parabeln einfach erübrigt hätten.

Diese fromme Illusion gibt es nur an einer Stelle, nämlich bei Brecht selbst: im Rahmenspiel des »Kaukasischen Kreidekreises«.

Brecht, auch dies ist eine Folge seiner Beschränkung auf die Parabel, ist ein Dramatiker, der Szenen besser zu bauen versteht als Stücke und Fabeln. Da er seine Stücke und Fabeln immer einer großen einfachen Lehre unterordnet, wirken die Szenen in ihrer Reihung als schiere Wiederholung, die einem eine Lektion nahebringen, die man auch so schon längst verstanden hat.

Brecht ging beim Erfinden von Fabeln und dem Aufspüren von Stoffen eher mit haushalterischer Genügsamkeit als mit schöpferischer Überfülle zu Werke (wer das als Vorwurf gegen ihn empfindet, sollte sich daran erinnern, daß ein theatralisches Genie wie Nestroy eigentlich alle seine Stoffe übernommen und nicht selbst erfunden hat).

Einmal gefundene Fabeln und Motive tauchen bei Brecht immer wieder und in ständig neuen Variationen auf: das Jeanne d'Arc-Thema mindestens dreimal. Was als Gangstergeschichte im »Ui« erzählt wird, drängt sich in »Turandot« noch einmal fast als Wiederholung zwischen das Gozzische Motiv; als Brecht ein Stück über den DDR-Aktivisten Hans Garbe schreiben wollte, schwebte ihm noch einmal die Form der »Mutter« oder der »Maßnahme« vor, wobei man zwischen der »Mutter« und den »Gewehren der Frau Carrar« eine ebenso große Ähnlichkeit feststellen kann wie zwischen dem Motiv der Erzählung vom Augsburger Kreidekreis und dem »Kaukasischen Kreidekreis«.

»Eigene« Stücke, das heißt Stücke, die nicht auf Vorbilder direkt zurückgehen, wie »Mann ist Mann« oder das »Dikkicht« haben so gut wie überhaupt keine zusammenhängende Fabel.

In Stücken wie »Die Rundköpfe und die Spitzköpfe«, die nach dem »Maß für Maß«-Vorbild gebaut sind, zerschlug Brecht bei der Arbeit die übernommene Fabel durch seine umfunktionierenden Korrekturen bis zur Unkenntlichkeit.

Brecht kann im Grunde auf der Bühne alles, nur keine Geschichte erzählen, die sich nicht in zwei Sätzen erschöpfend zusammenfassen ließe und die deshalb episch angereichert und aufgebauscht wird – maliziös könnte man behaupten, daß Brecht das epische Theater schon aus diesem Grund hätte erfinden müssen, um diese seine »Schwäche« zu überspielen und zu tarnen.

Das lag sicher auch daran, daß ihn die Wirklichkeit als direkter Stoff ganz offenbar nicht zu interessieren schien. In seinen Arbeitsjournalen aus der Emigration ist, merkwürdig genug, nirgends davon die Rede, daß er sich die Schlachthöfe in Chicago, die ihn doch in der literarischen Vermittlung durch Upton Sinclair seit seiner frühesten Jugend fasziniert und beschäftigt hatten, in der Realität angesehen hätte. Berlin, das er doch am eigenen Leib und auf eigener Haut erlebte und erfuhr, kommt in seinen Stücken nicht vor – er schrieb in Berlin über Chicago und in den USA über Sezuan oder das historische Florenz. Als er in seiner Jugend nach dem »Eduard« zum erstenmal für ein paar Stunden in Rom war, ging er ins Kino.

Wie er Wirklichkeit nur vermittelnd wiedergegeben hat, so hat er sie, offenbar, meistens nur gefiltert aufgenommen.

Wirklichkeit hat ihn nicht überrascht, sie diente ihm eher als Beleg für das vorhandene Bild, das er von ihr hatte. Brecht, der sich darauf berief, daß er literarische Vermittlungen für einen wesentlichen Teil des Lügengewebes hielt, das über die Welt gespannt sei, hat von literarischen Vermittlungen gelebt, sie waren die ihn anregende Realität. Schon 1920 notierte er: »Die Einstellung eines Mannes der Welt gegenüber sollte eine möglichst literarische sein.«[100]

Allerdings waren es vorwiegend literarische Vermittlungen niederer Tradition – Brecht ist, nach Wedekind, der Schriftsteller, der Trivialformen am stärksten für sein literarisches Schaffen herangezogen hat.

Einmal, weil er hier auf die plebejische Tradition stieß, die er suchte und deren Fortsetzer er sein wollte. Zum andern, weil hier seine parodistische Lust und seine Umstülpfreude auf den größten und geringsten Widerstand zugleich stieß – den größten, weil Trivialkunst natürlich tiefer verwurzelt war, den geringsten, weil sie nicht durch einen Regelkanon sakrosankt war.

So hat Brecht (Hans Mayer hat diese »unliterarische Tradition« ausführlich beschrieben und analysiert) die Kalendergeschichte, die Moritat, den Bänkelgesang, Küchenlieder, Kirchenlieder, den Kriminalroman und die Kolportage für sein Werk herangezogen, sich durch den Dialekt, das Kabarett, das Brettltheater anregen, sich von Sport und Jazz faszinieren lassen. Die Wirtshäuser, der Schlager und der Stummfilm, der Sportpalast und der Jahrmarkt – das alles wollte er in seinem Werk amalgamieren. Der Einfluß Karl Valentins auf den jungen Brecht ist oft genug beschrieben und – sieht man auf die Ergebnisse – oft genug überschätzt worden.

Für die Sprache seiner Gedichte, für die ursprüngliche Bildkraft vieler seiner Songs und Dialoge mag man in diesen Einflüssen eine Ursache für Reichtum und Vitalität Brechts

sehen. Bei vielen anderen Aspekten seines Werks wirken der beschworene Einfluß, die Berufung auf die Zeitgenossen schockierende Traditionen und Vorbilder äußerlich, künstlich und aufgesetzt.
Wenn Brecht zum Beispiel aus seiner Vorliebe für den Boxsport die Gebrauchsanweisung für das »Dickicht« ableitete »Achten Sie nur auf das Finish!«, so hat diese kesse Sportformulierung mit der Haltung von Boxzuschauern nicht viel zu tun: Da beim Boxsport in der Regel, sofern es nicht zum K. o. kommt, geduldig Punkte in jeder einzelnen Runde gemacht werden müssen, sieht und versteht jemand, der nur auf das Finish achtet, so gut wie gar nichts.
Auch Brechts Vorliebe für das Gangster-Genre, für die Welt der Nutten und Zuhälter, für Nachtklub-Verworfenheit oder Unterwelt-Verhältnisse bleibt seltsam literarisch und hat stets den rührenden Hauch eines Provinzbeobachters, der mal eben über einen verbotenen Gartenzaun schaut oder sich am Fenster einer Kaschemme die Nase platt drückt.
Vielleicht ist Brecht deshalb ins Fernöstliche ausgewichen. Aber wie er sich bei allen anderen Trivialformen gleich wieder von deren Benutzung distanzierte (in den Anmerkungen zum »Puntila« z. B. vom Genre des Volksstücks: »Das Volksstück ist für gewöhnlich krudes und anspruchsloses Theater ... Da gibt es derbe Späße, gemischt mit Rührseligkeiten, da ist hanebüchene Moral und billige Sexualität«[101]), wollte er sich auch an China und Japan nicht allzu sehr benetzen: Er warnte vor der Chinoiserie.

## *Der Autor*

# Der Marxist und der Kommunismus

»Der Schoß ist fruchtbar noch, aus dem das kroch.«

*»Kriegsfibel«,* GBA XII, 266/267

In den Zeiten des kalten Krieges war es ein beliebtes Gesellschaftsspiel der westdeutschen Öffentlichkeit, Brecht, ähnlich wie er es mit seinem »guten Menschen von Sezuan« getan hatte, in zwei Hälften zu teilen: eine gute, dichterische Hälfte und eine weniger gute, politische Hälfte.

Da dieses Spiel durch seine Werke ständig Lügen gestraft wurde, es sei denn, man vermochte sie gewaltsam umzubiegen (also den »Kaukasischen Kreidekreis« seines Kolchosen-Vorspiels zu berauben oder die »Maßnahme«, wie 1961 in Detmold an einem Gymnasium geschehen, zu einem antikommunistischen Stück umzufunktionieren[1]), war die nächste Phase die der Reinwaschung auch des politischen Brecht, wobei man seine schwankende und zwielichtige Stellungnahme zum 17. Juni zur berechtigten Schweyk-List umstilisierte und den Stückeschreiber zum inneren Widerständler in der DDR umformte.

Natürlich fanden sich dafür Belege, wie beispielsweise in den »Buckower Elegien« das Gedicht »Die Lösung«[2] oder das Gedicht »Große Zeit, vertan«, das mit den Zeilen endet »Was sind schon Städte, gebaut / Ohne die Weisheit des Volkes?«[3]

»Böser Morgen« schildert eine Alptraum-Vision schlechten Gewissens, in der Brecht im Traum zerarbeitete und gebro-

chene Finger auf sich deuten sieht: »Unwissende! schrie ich / Schuldbewußt.«[4] Im »Heißen Tag« erlebt er die Realität in der DDR: »Wie in alten Zeiten«[5], und im Gedicht »Die Kelle« hat er einen Traum, in dem er sich als Maurer auf dem Gerüst sieht, dem ein Schuß das halbe Eisen von der Kelle reißt – der Bezug auf die Bauarbeiter der Stalinallee ist offenkundig.[6]
Das verstümmelt wiedergegebene sogenannte »Ergebenheitstelegramm« spielte eine große Rolle. Das »Neue Deutschland« hatte nur den letzten Satz des an Ulbricht gerichteten Schreibens veröffentlicht: »Die Geschichte wird der revolutionären Ungeduld der sozialistischen Einheitspartei ihren Respekt zollen. Die große Aussprache mit den Massen über das Tempo des sozialistischen Aufbaus wird zu einer Sichtung und Sicherung der sozialistischen Errungenschaften führen. Es ist mir ein Bedürfnis, Ihnen in diesem Augenblick meine Verbundenheit mit der sozialistischen Einheitspartei Deutschlands auszusprechen.«[7]
Abgesehen davon, daß sich aus den unterdrückten Sätzen, die damals nur in Form wilder Vermutungen im Westen kursierten, keinerlei Dissidenten-Haltung ablesen läßt, war Brecht, wie eine Eintragung im Arbeitsjournal vom 20. 8. 53 belegt, durch den 17. Juni in seiner ganzen »Existenz verfremdet«. Aber er sah, obwohl er den Aufstand als Aktion der Arbeiterklasse akzeptierte, im »Faustschlag« der Partei einen Kontakt: »die partei hatte zu erschrecken, aber sie brauchte nicht zu verzweifeln. nach der ganzen geschichtlichen entwicklung konnte sie sowieso nicht auf die spontane zustimmung der arbeiterklasse hoffen. es gab aufgaben, die sie unter umständen, unter den gegebenen umständen, ohne zustimmung, ja gegen den widerstand der arbeiter durchführen mußte.«[8]
Und, was das Entscheidende ist: Brecht sah die Gefahr, daß

der berechtigte Aufstand durch die Beteiligung Westberlins in einen faschistischen Putsch umschlagen könne: »in dem augenblick, wo ich das proletariat – nichts kann mich bewegen, da schlaue, beruhigende abstriche zu machen – wiederum ausgeliefert dem klassenfeind sah, dem wieder erstarkenden kapitalismus der faschistischen ära, sah ich die einzige kraft, die mit ihr fertig werden konnte.«[9]

Die Brecht-Chronik von Völker lieferte für diese Einstellung Brechts, der befürchtete, es könne sich eine nationalsozialistische Revolution wiederholen, Belege. Er zitiert einen Brief an Brechts westdeutschen Verleger Peter Suhrkamp, in dem er schildert, daß er nicht nur demonstrierende Arbeiter und Arbeiterinnen gesehen habe, sondern »allerlei deklassierte Jugendliche, die durch das Brandenburger Tor, über den Potsdamer Platz, auf der Warschauer Brücke, kolonnenweise eingeschleust waren«. Außerdem seien ihm die scharfen, brutalen Gestalten der Nazizeit aufgefallen, »die man seit Jahren nicht mehr in Haufen hatte auftreten sehen, und die doch immer dagewesen waren.«[10]

An diesen Äußerungen sind für den Stückeschreiber zwei Aspekte wichtig. Einmal, daß er wie in der »Maßnahme« die Weisheit der Partei über das Bewußtsein der proletarischen Klasse stellte, während doch sonst in seinen Werken fehlendes oder falsches Klassenbewußtsein des Proletariats eher ausgeschlossen wird – wo es vorkommt, handelt es sich um Nichtproletarier (die Mutter Courage ist ja eine Gewerbetreibende, Ziffel ein Intellektueller, die mit den Nazis Paktierenden in den »Rundköpfen und Spitzköpfen« sind Kleinbürger).

Zum andern, drückten Brechts Straßenbeobachtungen vom 17. Juni, so sehr er im einzelnen sicher richtig sah, auch ein bürgerliches Erschauern vor der »Hefe« auf der Straße aus, wie es ähnlich später, 1968, viele Beobachter der Studenten-

revolte (mit Kennzeichnungen wie langhaarig, arbeitsscheu) empfanden. So wenig Brechts politische Haltung erstaunen kann – sie ist, wie noch zu zeigen sein wird, nur konsequent und aus seiner Biographie ableitbar –, so sehr muß erstaunen, daß er offenbar den eigenen Theaterszenen von geschönter Revolution aufsaß, wenn er vor deklassierten Jugendlichen und scharfen brutalen Gestalten zurückschrak. Ein Blick in »Dantons Tod« hätte ihn da, was die Gestalten angeht, eines Besseren belehren können: aus ihrer Straßenoptik allein jedenfalls läßt sich kaum ableiten, ob eine Revolution berechtigt oder reaktionär ist.
Mit einer gewissen Übertreibung ließe sich also die beliebte These der fünfziger Jahre umdrehen, die zwischen dem illusionslosen Dichter und illusionären Politiker Brecht unterscheiden wollte. Brechts politische Haltung war da viel illusionsloser, konsequenter. Und man muß Klaus Völkers Beschreibung von Brechts Verhältnis zur DDR voll zustimmen, wenn er zu dem Schluß kommt, daß Brecht, indem er mit der DDR uneins war, mehr Kommunismus und nicht weniger Kommunismus forderte, als in der DDR praktiziert wurde.
Die große lebensbestimmende Erfahrung Brechts war die Erfahrung des Faschismus. Sieht man von den Irritationen ab, die er über den Hitler-Stalin-Pakt empfand, so hatte er auch erfahren, daß der Kommunismus die einzige ernstzunehmende Gegenkraft gegen den Faschismus gewesen war. Nur aus diesem bitteren Lernprozeß heraus läßt sich erklären, warum der von Jugend an überzeugte Antimilitarist, der schon 1918 die »Legende vom toten Soldaten« geschrieben hatte, eine der schonungslosesten Entheroisierungen in der deutschen Literatur, in der DDR ein hymnisches Loblied auf die bewaffneten Kräfte schrieb, das den Panzer zur dichterischen Kraft heroisiert:

»Panzereinheit, ich freue mich, dich schreibend
Und für den Frieden werbend zu sehen
Und ich freue mich, daß ihr schreibend
Und für den Frieden werbend, gepanzert seid.«[11]

Die Welt hatte sich für ihn so zugespitzt, daß er Argumente nicht mehr für ausreichende Waffen hielt. Während des Hitler-Krieges hatte er in dem Gedicht »Vorschlag, für den Krieg mit Hitler schießbare Radioempfänger zu bauen« noch auf die Kraft der Argumente, zumindest der Arbeiterklasse gegenüber, gebaut:

»Denn manchen fängt man nur mit einem Strick
Doch manchen fängt man auch mit Argumenten:
Ich denk an die aus Grube und Fabrik.«[12]

Die DDR war für Brecht, auch durch die Tatsache, daß sie mit der Sowjetunion verbündet war, der einzige Garant auf deutschem Boden gegen eine Wiederholung des Faschismus, daran besteht nicht der geringste Zweifel. Es besteht aber auch kein Zweifel daran, daß er in der Bundesrepublik den Nährboden für einen neuen Faschismus erblickte.
Wer Brechts politische Haltung in den letzten Jahren verstehen will, muß seine Entscheidung für die DDR ernstnehmen und sie nicht als »Preis« betrachten, den ein Theatervollblut nach Jahren der Entbehrung für ein eigenes Theater zahlte, an dem sich endlich ernsthaft und gründlich arbeiten ließ.
Aus Brechts antifaschistischer Haltung und seiner Erfahrung mit dem Faschismus ergibt sich auch sein Verhältnis zum Stalinismus, in dem er eine vielleicht bedauerliche, aber gewiß notwendige Antwort auf den Hitlerismus er-

blickte. Brecht notiert dazu in sein Arbeitsjournal am 19. 7. 43: »souvarines niederdrückendes buch über stalin gelesen. die umwandlung des berufsrevolutionärs in den bürokraten, einer ganzen revolutionären partei in einen beamtenkörper gewinnt durch das auftreten des faschismus tatsächlich eine neue beleuchtung. das deutsche kleinbürgertum borgt sich für seinen versuch, einen staatskapitalismus zu schaffen, gewisse institutionen (samt ideologischem material) vom russischen proletariat, das versucht, einen staatssozialismus zu schaffen. im faschismus erblickt der sozialismus sein verzerrtes spiegelbild. mit keiner seiner tugenden, aber all seinen lastern.«[13]

Man sieht: die Fehler werden scharf und deutlich gesehen. Aber daß Stalins Sowjetunion in Brechts Augen die einzige wirksame Kraft darstellte, die den Faschismus niederkämpfen konnte und sein Wiederaufleben verhindern würde, wird noch in dem Nachruf deutlich, den Brecht auf Stalins Tod im April 1953 schrieb (und in »Sinn und Form« veröffentlicht): »Den Unterdrückten von fünf Erdteilen, denen, die sich schon befreit haben, und allen, die für den Weltfrieden kämpfen, muß der Herzschlag gestockt haben, als sie hörten, Stalin ist tot. Er war die Verkörperung ihrer Hoffnung. Aber die geistigen und materiellen Waffen, die er herstellte, sind da, und da ist die Lehre, neue herzustellen.«[14]

Und noch in einer Kritik an Stalin (»Über die Kritik an Stalin«), in der die »Verkümmerung der Dialektik« als Folge des Stalinismus geschildert wird, die ihrerseits wieder den Übergang Stalins vom Motor zur Bremse, die Negierung der Partei durch den Apparat, die Verwandlung von Meinungskämpfen in Machtkämpfe sowie den Personenkult bewirkten, billigt er Stalin zu, was er sich selbst in einem autobiographischen Gedicht zubilligte. Heißt es in »An die

Nachgeborenen:« / Auch der Haß gegen die Niedrigkeit / Verzerrt die Züge. / Auch der Zorn über das Unrecht / Macht die Stimme heiser. Ach, wir / Die wir den Boden bereiten wollten für Freundlichkeit / Konnten selber nicht freundlich sein.«[15], so heißt es über Stalin: »Der Ausbruch aus der Barbarei des Kapitalismus kann selber noch barbarische Züge aufweisen.«[16]

Seine eigenen, sozusagen schriftstellerischen Auseinandersetzungen mit dem Stalinismus, der in der stalinistischen Kulturpolitik durch das Dogma vom sozialistischen Realismus dem Brechtschen Werk und seiner Theorie hemmend, ja feindlich ablehnend gegenüberstand, hat Brecht gleichzeitig kritisch ausgefochten und sie doch größeren historischen Notwendigkeiten untergeordnet. Man muß dazu nur in seinen Arbeitsjournalen nachlesen, wie er sich gleichzeitig bitter gegen die Kunsttheorie des Stalinismus zur Wehr setzte und sich spöttisch-verächtlich über Leute äußerte, die als abgefallene Kommunisten Antistalinisten waren: So notiert er 1943 über einen Abend mit dem Sinologen Wittfogel: »im übrigen ist er antistalinist, ein job, der seinen mann ausfüllt. ... WITTFOGEL hat die hitze und das trauma des enttäuschten troubadours.«[17]

In Brechts politischen Entscheidungen und Äußerungen drückt sich eine zwiefache Disziplinierung aus. Zum einen ist es die Disziplinierung des Bürgers, der die Sache des Proletariats zu seiner Sache gemacht hat, der daher Zweifel, Skrupel und Schwankungen mit Entschlossenheit unterdrückt, weil er sie für Gefährdungen aus seiner Herkunft hält. Noch in einer autobiographischen Notiz, einem Lebenslauf aus dem Jahr 1941, gesteht er sich und anderen seine unheroischen bürgerlichen Sehnsüchte ein: »Der Flüchtling sucht ein Land, wo man mit mittleren Tugenden und einigen bescheidenen Lastern halbwegs leben kann.«[18]

Das sind Ziffels, des Intellektuellen, Wünsche in den »Flüchtlingsgesprächen«, denen Kalle, das proletarische Alter ego, die Tugenden des Kampfes entgegenhält. Und man muß es so sehen, daß der Verlauf der Geschichte Brecht während seines Flüchtlingslebens klar machte, in den heroischen Zeiten würden mittlere Tugenden und bescheidene Laster nur dann geduldet werden, wenn man mit den größten Anstrengungen unter Aufbietung aller Tugenden und unter Zurückstellung aller noch so kleinen Laster eine Welt bekämpft und besiegt hätte, die den Menschen mit unmenschlichen Anstrengungen, ja mit seiner Vernichtung bedrohte.
Der Anarchist Brecht notierte noch 1926, weil er die Bewegung, die Veränderung an sich liebte: »Es ist eine sichtbare Angelegenheit, daß die kapitalistische Klasse in Europa verbraucht ist, sie gibt nichts mehr her, vor allem keine Begierden mehr. Die Menge links ist gut, solang sie kämpft; dann, wenn sie gesiegt hat, muß sie ersetzt werden.«[19]
Während der Zeit seiner marxistischen Studien notierte er als sein Dilemma: »Ich will z. B. leben mit wenig Politik. D. h., ich will kein politisches Subjekt sein. Aber das soll nicht heißen, daß ich ein Objekt von viel Politik sein will. Da also die Wahl nur lautet: Objekt von Politik zu sein oder Subjekt, nicht aber: kein Objekt, kein Subjekt oder Objekt und Subjekt, muß ich wohl Politik machen, und die Menge davon bestimme ich auch nicht selber. Es ist bei dieser Sachlage wohl möglich, daß ich mein ganzes Leben zubringen muß in politischer Betätigung und es sogar dabei verliere.«[20]
Neben die Disziplinierung des Bürgers tritt jetzt die Disziplinierung desjenigen, der weiß, daß ihn der Faschismus in einen Kampf auf Leben und Tod verwickeln wird, den er als einzelner nicht bestehen kann, sondern nur als Teil einer großen, der großen Bewegung.

Für den Marxisten Brecht ist der Faschismus untrennbar mit dem Kapitalismus verbunden, er stellt eine zwangsläufige Entwicklung des Kapitalismus, eine notwendige Spätform dar, in der das Kapital die immer größer werdenden gesellschaftlichen Widersprüche nicht anders als mit faschistischer Diktatur niederhalten kann. Das heißt aber auch, daß die Bekämpfung des Faschismus ebenso untrennbar mit der Bekämpfung des Kapitalismus, also mit der kommunistischen Arbeiterbewegung verbunden ist: »Diejenigen unserer Freunde, welche über die Grausamkeiten des Faschismus ebenso entsetzt sind wie wir, aber die Eigentumsverhältnisse aufrechterhalten wollen oder gegen ihre Aufrechterhaltung sich gleichgültig verhalten, können den Kampf gegen die so sehr überhandnehmende Barbarei nicht kräftig und nicht lange genug führen, weil sie nicht die gesellschaftlichen Zustände angeben und herbeiführen helfen können, in denen die Barbarei überflüssig wäre. Jene aber, welche auf der Suche nach der Wurzel der Übel auf die Eigentumsverhältnisse gestoßen sind, sind tiefer und tiefer gestiegen, durch ein Inferno von tiefer und tiefer liegenden Greueln, bis sie dort angelangt sind, wo ein kleiner Teil der Menschheit seine gnadenlose Herrschaft verankert hat.«[21]
Hier wird klar, wie Brecht den Gang der heiligen Johanna in die Tiefe als seinen Gang betrachtet, wobei die Tiefe sowohl die letzte entscheidende Durchdringung der Realität als auch das Heruntersteigen zu den Ärmsten der Armen meint, also eine bürgerliche Erkenntnisbewegung beschreibt, die dem Proletarier erspart bleibt, weil er in der Tiefe geboren ist. Es ist, wollte man es mit einem literarischen Bild sagen, Brechts Gang zu den Müttern.
Brecht sah in der Naziherrschaft eine geplante, vorübergehende Maßnahme, die das Großkapital in einer zugespitzten Krisenzeit anwenden mußte. Hitler erschien ihm als der

Besen, der wieder in die Ecke gestellt würde, sobald er eisern ausgefegt hätte. Die Rassenideologie der Nationalsozialisten war für ihn dabei reine Ablenkungsstrategie: da sich das Elend im Staat nicht mehr wegleugnen läßt, muß von den wahren Ursachen abgelenkt werden, es müssen Scheinschuldige gefunden werden – eben die Juden.
Dieses Thema klingt im »Arturo Ui« an und beherrscht sowohl »Die Rundköpfe und die Spitzköpfe« wie auch »Turandot oder der Kongreß der Weißwäscher«. Hitler wird da als letzter und vorübergehender Ausweg an die Macht berufen, um das Volk abzulenken, ihm Scheinschuldige, die Juden, zum Fraß vorzuwerfen, indem es ja die wahren Schuldigen, die Kapitalbesitzer, sind, die an der Macht bleiben, während Hitler ihren Büttel spielt.
Man hat Brecht, vor allem in Hinblick auf die Naziparabel »Die Rundköpfe und die Spitzköpfe«, vorgeworfen, er habe zwar die Ursachen des Faschismus richtig analysiert, die Eigendynamik der faschistischen Idee jedoch unterschätzt. So sei die Rassentheorie, der Judenvernichtungswahn durchaus kein vorübergehendes Ablenkungsmanöver, sondern der Ideologie- und Wesenskern des deutschen Faschismus gewesen.
Brecht ist auch in seiner Auffassung über die vorübergehende Form des Faschismus gewiß nicht in Übereinstimmung mit der kommunistischen Faschismus-Theorie, die, von den gleichen von Brecht benannten Ursachen ausgehend, den Faschismus für eine letzte wütende Endform des Spätkapitalismus hält, der dem Umschlag in den Sozialismus direkt vorauszugehen habe.
Sicher kann man sagen, daß Brecht in »Die Rundköpfe und die Spitzköpfe«, die bereits 1932 begonnen und 1933 beendet wurden, Hitlers rassischen Wahn ebenso unterschätzt hat wie die Dauerhaftigkeit seiner Herrschaft, die ja nur durch

die totale Katastrophe von 1945 beendet werden konnte. Aber dem gleichen Irrtum waren, darauf macht Henning Rischbieter aufmerksam, ja schließlich auch diejenigen verfallen, die Hitler an die Macht gebracht hatten und meinten, ihn da unter Kontrolle halten zu können: »Brecht sieht nicht vorher, daß Hitlers Bewegung, mag sie immer ein Erzeugnis der wirtschaftlichen und ideologischen Krise der kapitalistischen bürgerlichen Gesellschaft sein, doch ungeheure, auch den Nährvater unterjochende zerstörerische Kräfte entwikkelt. Dem gleichen Irrtum unterlag man ja übrigens auch auf der anderen Seite: Hugenberg und die Deutschnationalen, Hindenburg und die Konservativen aus Adel und Generalität hatten im Januar 1933 eine Minderheit nationalsozialistischer Minister und Hitler als Reichskanzler akzeptiert, weil sie meinten, sie könnten die Nazis in die Mitte nehmen, den Massen-Elan der Bewegung kanalisieren und ihren eigenen Zwecken dienstbar machen.«[22]

Später hat Brecht sehr wohl verstanden, daß Hitler ein eigendynamisches Modell von einer Art räuberischem, demagogisch verankertem Staatskapitalismus entwickelt hat, das völkische Ideologie in raubkriegerische Energie zu verwandeln suchte. Die Wurzeln blieben für ihn, einmal erkannt, die gleichen: »Der Schoß ist fruchtbar noch, aus dem das kroch.«[23]

Brechts Einsichten in Ursachen und Wesen des Faschismus macht aber nicht nur seine unwandelbare Parteinahme für den Kommunismus verständlich. Sie erklärt auch, warum Begriffe wie Kollektivschuld und Kollektivverantwortung in seinem Denken nie Platz finden konnten.

Seine Auseinandersetzung mit Thomas Mann in der Emigration macht das mehr als deutlich. Dabei soll nicht übersehen und verschwiegen werden, daß sich in dieser Auseinandersetzung eine sozusagen lebenslang gepflegte und

gehegte Abneigung gegen Thomas Mann ausdrückte. Schon in den zwanziger Jahren machte sich Brecht – anfangs noch bewundernd – über den Autor des »Zauberbergs« lustig, wenn er, eine Thomas-Mann-Lesung im Börsensaal rezensierend, von der »erlesene(n) Kammermusik seiner fein ziselierten, zartfarbenen Wortkunst«[24] spricht – alles Attribute, die für den jungen Brecht nicht das reine Wohlgefallen ausgedrückt haben dürften. Bei seiner Unterscheidung zwischen junger und alter Kunst rechnete er Thomas Mann zur alten Kunst, die an überlebten bürgerlichen Vorstellungen festhielte, über deren »Seichtheit, Geistesschwäche und Harmlosigkeit« sich Brecht mokierte.[25]
Mit treffendem Sarkasmus charakterisiert er den Erzähler Thomas Mann, dessen formales Talent er keineswegs in Abrede stellte: »Da erfindet einer im Schweiße unseres Angesichts lauter Dinge, über die er ironisch lächeln kann. Bevor irgend etwas anderes auf dem Papier steht, ist dieser Herr schon für alle Fälle ironisch.«[26] Dem Schreiber, der sich einer objektiven Sache widmen wollte, mußte die Ironie Thomas Manns ein Greuel sein – wie sie heute Martin Walser, auf der Suche nach dem gleichen Engagement, ein Greuel ist.
Daß Brecht die »Betrachtungen eines Unpolitischen« ablehnen mußte, war klar. Er hat Thomas Mann später immer an diesem reaktionären Buch gemessen und dessen Wandlungen für bloßen Opportunismus erachtet. Es mag hinzugekommen sein, daß Lukács, wo er sich gegen Brecht wandte, ausgerechnet Thomas Mann als lobenswertes Beispiel für einen neuen Realismus hervorhob. Sicher haben auch Thomas Manns amerikanische Rezensionen von Brecht-Stücken, in denen der Rezensent Brecht als »proletarisch«, als dem »Politkult« zugehörig abqualifizierte, den Graben vertieft. Schließlich spielte es in der Emigration

auch eine Rolle, daß Thomas Mann dort als gefeierter, erfolgverwöhnter Autor auftrat, dem es an nichts fehlte, während Brecht in den USA literarisch nie so recht Fuß fassen konnte und wollte.

Jedenfalls schlägt sich diese Komponente in von verächtlichem Haß geprägten Arbeitsjournal-Eintragungen nieder, in denen Brecht festhält, wie Thomas Mann seinen Bruder Heinrich, dessen Werk Brecht politisch, formal und thematisch wesentlich näher stehen mußte, wenig geholfen habe: »döblin und heinrich mann zu sehen ist anstrengend. sie sind da nichts mehr als erfolglos. heinrich mann hat nicht das geld, einen arzt zu rufen, und sein herz ist verbraucht. sein bruder, mit einem haus, das er sich baute, 4–5 autos, läßt ihn buchstäblich verhungern.«[27]

Doch der eigentliche, wichtige Streit zwischen Brecht und Thomas Mann ging um die Frage der Kollektivschuld der Deutschen, die Thomas Mann bejahte, Brecht verneinte. 1943 wurde von den Schriftstellern Thomas Mann, Heinrich Mann, Lion Feuchtwanger, Bruno Frank, Ludwig Marcuse, Hans Reichenbach und Brecht eine Resolution entworfen, in der die Kundgebung deutscher Kriegsgefangener und Emigranten in der Sowjetunion für die bedingungslose Kapitulation und eine starke Demokratie in Deutschland von den in Amerika lebenden Emigranten ausdrücklich begrüßt wurde und in der es auch die Unterzeichner für notwendig erachteten, »scharf zu unterscheiden zwischen dem Hitlerregime und den ihm verbundenen Schichten einerseits und dem deutschen Volke andrerseits.«[28]

Brecht hat in seine Aufzeichnungen eingetragen, wie Thomas Mann die Erwähnung der Sowjetunion für bedenklich erachtet habe, der gleiche Thomas Mann, so Brecht, der ein paar Tage vorher den Wunsch geäußert hätte, die Russen sollten vor den Alliierten in Berlin sein,

weil er gerade eine Gratulationsrede für die Rote Armee auf dem russischen Konsulat auf Platte gesprochen hatte.
Am nächsten Tag notiert Brecht, daß Thomas Mann seine Unterschrift zurückgezogen habe. Mann habe Feuchtwanger gegenüber erklärt, er habe einen Katzenjammer, weil dies eine »patriotische Erklärung« sei, mit der man den Alliierten in den Rücken falle. Er, Thomas Mann, könne es nicht unbillig finden, wenn die Alliierten »deutschland zehn oder zwanzig jahre lang züchtigen«. Dazu Brecht: »Die entschlossene jämmerlichkeit dieser ›kulturträger‹ lähmte selbst mich wieder für einen augenblick ... mit goebbels behauptung, hitler und deutschland sei eins, stimmen sie überein, wenn hearst sie übernimmt. ist dem deutschen volk, sagen sie, nicht zumindest knechtseligkeit vorzuwerfen, wenn es sich goebbels so unterwarf, wie sie sich hearst unterwerfen. ... wie gesagt, für einen augenblick erwog sogar ich, wie das ›deutsche volk‹ sich rechtfertigen könnte, daß es nicht nur die untaten des hitlerregimes, sondern auch die romane des herrn mann geduldet hat. die letzteren ohne 20–30 ss-divisionen über sich.«[29]
Weiter notiert Brecht, daß Thomas Mann gesagt habe: »ja, eine halbe million muß getötet werden in deutschland«, was Brecht als »bestialisch« empfindet.[30]
Der von Brecht empfundene Gegensatz wird endgültig festgeschrieben in der Eintragung vom 9. 9. 43: »THOMAS MANN, höre ich von einem ohrenzeugen, erzählt jetzt herum, ›diese linken wie brecht‹ führten befehle von moskau aus, wenn sie versuchten, ihn zu erklärungen zu veranlassen, daß man einen unterschied zwischen hitler und deutschland machen müsse. das reptil kann sich nicht vorstellen, daß man ohne befehle von irgendwo etwas für deutschland (und gegen hitler) tun kann und daß man überhaupt ganz von sich aus, sagen wir aus überzeugung, in

deutschland etwas anderes erblicken kann als ein zahlkräftiges leserpublikum. bemerkenswert ist die perfidie, mit der das paar mann – seine frau ist sehr aktiv dabei – solche verdächtigungen ausstreut, die, wie sie wissen, jedem großen schaden tun können.«[31]
In Brechts Überzeugung also war das deutsche Volk das erste Volk, das Hitler unterjocht hatte, bevor er sich anschickte, die anderen Völker zu unterjochen. So entschieden Brecht sein Leben lang Antifaschist blieb, so wenig muß er davon gehalten haben, einzelne, die sich nicht als Schlächter betätigten, nachträglich bestrafen zu wollen. Seinen Jugendfreund Arnolt Bronnen, der sich Ende der zwanziger Jahre dem Faschismus zugewandt hatte und der in Brechts Todesjahr nach Ostberlin zog, hatte er im Exil mit der verständnisvoll resignativen Bemerkung bedacht: »Ich konnte niemand belehren und auch andere konnten es nicht; nach der Zeit, wo alles nach links gegangen war, aber zu wenig, waren die Leute unzufrieden und es ging ›alles‹ nach rechts und zwar weit. Da bemerkte ich, wie meine Freunde jetzt diese Zeit begrüßten und ihre Freunde waren, da sie sie für die *neue* Zeit hielten.«[32]
Und über den Kritiker Ihering notiert er 1942 in Amerika, er habe gelesen, Ihering sei Intendant des Hofburgtheaters geworden. »Für die emigranten heißt das natürlich naziintendant. andrerseits sind es jetzt zehn jahre, dieses ganze volk, in einen gigantischen krieg gerissen von dem regierenden abschaum, lebt diese phase durch wie eine andere phase, und zwischen den nazibäckern und den naziintendanten sind die unterschiede wohl geringer, als wir annehmen. die brötchen sind harmloser als die johststückchen, dh, der beruf des theaterintendanten ist eben gefährlicher. jedenfalls fühle ich nichts schockähnliches. bauschundbogenurteile kann ich nicht leiden, derlei leute – bauschundbogenmäßig

gesprochen – sind nicht die hauptfeinde, nehme ich an, das urteil muß drinnen gefällt werden.«[33]

Man muß konstatieren, daß die Freundlichkeit Brechts sich seinem Volk und seinen Zeitgenossen gegenüber stärker bemerkbar machte als in den strikten Forderungen, die der Autor an sich selbst stellte.

Die Forderung der Shen Te nach »ein wenig Nachsicht« und nach einem »Durch-die-Finger-Sehen«, im Stück selbst als unrealisierbar geschildert, in seiner Lebenshaltung hat Brecht sie, wo immer er konnte, wohl erfüllt.

Der achtzehnjährige Gymnasiast, der vorher durchaus von den üblichen kriegspatriotischen Wallungen miterfaßt worden war, hat diese Einsicht mitten im Ersten Weltkrieg in einem Schulaufsatz über den Vers des Horaz »Dulce est et decorum pro patria mori« erstmals formuliert: »Der Ausspruch, daß es süß und ehrenvoll sei, für das Vaterland zu sterben, kann nur als Zweckpropaganda gewertet werden. Der Abschied vom Leben fällt immer schwer, im Bett wie auf dem Schlachtfeld, am meisten gewiß jungen Menschen in der Blüte ihrer Jahre. Nur Hohlköpfe können die Eitelkeit so weit treiben, von einem leichten Sprung durch das dunkle Tor zu reden, und auch diese nur, solange sie sich weit ab von der letzten Stunde glauben. Tritt der Knochenmann aber an sie selbst heran, dann nehmen sie den Schild auf den Rücken und entwetzen, wie des Imperators feister Hofnarr bei Philippi, der diesen Spruch ersann.«[34]

Hier spricht bereits der politische Schriftsteller, der Tugenden nicht predigen wollte, die er selbst nicht halten zu können glaubte und den sein Jahrhundert zu Tugenden zu nötigen schien, um sich die Tugend der Untugend erhalten zu können.

# Der Freund, die Freunde

»Es ist besser mit einem Freund als mit einem Mädchen.«

*»Tagebücher«,* GBA XXVI, 128 f.

In einer Keuner-Geschichte hat Brecht seine Hochschätzung der Freundschaft festgehalten: »Es ist ein weitverbreiteter Unfug, daß die Liebe über die Freundschaft gestellt wird und außerdem als etwas völlig anderes betrachtet. Die Liebe ist aber nur so viel wert, als sie Freundschaft enthält, aus der allein sie sich immer wieder herstellen kann.«[35]

Wollte man von Gefühlen sprechen, deren Möglichkeit oder Unmöglichkeit in Brechts Werk dargestellt wird, so spielt die Freundschaft eine wichtigere Rolle als die Liebe: Im »Baal« sind die Freunde Johannes und Ekart für den Helden wichtiger als die Frauen; das »Dickicht« handelt von einer zur Feindschaft pervertierten Männerfreundschaft; »Das Leben Eduard des Zweiten« beschreibt eine homoerotische Bindung, Galy Gay in »Mann ist Mann« wird in eine Männerwelt fortgezogen, »Die Maßnahme« ist, wenn schon eine Tragödie, dann eine unter Freunden und Genossen, das »Leben des Galilei« hat als wichtigste Beziehung das Verhältnis zwischen Galilei und seinem Schüler Andrea; »Herr Puntila und sein Knecht Matti« schließlich zeigt die Unmöglichkeit einer Freundschaft zwischen Herr und Knecht.

Auch Brechts Leben war vor allem ein Leben mit Freunden, allen Frauen zum Trotz: In seinen Frauenbeziehungen wa-

ren die Übergänge zur Freundschaft bewußt fließend, Brecht machte aus seinen Freundinnen Mitarbeiter und aus seinen Mitarbeiterinnen Freundinnen.
Freundschaft und Zusammenarbeit waren bei ihm Synonyme. Wie kein anderer moderner Autor liebte er die Arbeit im Kollektiv, im Team: seine freundschaftliche Zusammenarbeit mit Caspar Neher, dem »Cas«, datiert aus gemeinsamen Augsburger Jugendtagen. Mit Arnolt Bronnen, mit dem er 1921 in Berlin Freundschaft schloß, lebte und arbeitete er so intensiv zusammen, daß Brechts Frau Marianne Zoff eifersüchtig wurde. Und nicht nur sie: »Cas« Neher machte Bronnen eine Eifersuchtsszene und wollte ihm den Schädel mit einer Flasche einschlagen. Brecht paßte seinen Vornamen Berthold dem Vornamen Bronnens an, so daß die beiden als Bertolt und Arnolt von Karl Kraus als die beiden »Fasolte« der deutschen Literatur verspottet wurden.
Wie wichtig ihm der Umgang mit Freunden und Gleichgesinnten war, geht noch aus Wekwerths Aufzeichnungen über Brechts letzte Wochen hervor, in denen gemeinsame Gespräche mit Schülern und Freunden Brecht zum Formulieren, zum Widerspruch, zum Denken anregten.
Brecht hat dabei Menschen tatkräftig gebraucht, wohl auch verbraucht. Bei dem um drei Jahre älteren Bronnen avancierte er zum bewunderten Vater und Lehrer, wie er überhaupt »Jünger« um sich scharte: der Kritiker Ihering wurde sein Prophet, und diejenigen, die in seinen späten Jahren bei ihm und mit ihm freundschaftlich am Berliner Ensemble arbeiteten, verbreiteten später die proselytenmachenden Impulse seiner Arbeit: Wekwerth, Palitzsch, Besson, Monk, um nur einige zu nennen.
Die Faszination, die von Brecht zeit seines Lebens ausging und die nie ganz ihre menschenverschlingenden Baal-Züge

ablegte, hat Arnolt Bronnen beschrieben. Danach legte Brecht, den Bronnen vorher nie gesehen hatte, auf einem Berliner Budenfest seine kleine feuchte Zigarre weg und sang »mit krächzender, konsonantischer Stimme« zur Gitarre: »Der war ein 24jähriger Mensch, dürr, trocken, ein stacheliges, fahles Gesicht mit stechenden Punktaugen, darüber kurzgeschnittenes, dunkles, struppiges Haar mit zwei Wirbeln, aus denen strähnige Halme protestierend aufstanden. Der zweite Wirbel drehte sich vorn an der nicht hohen Stirn, warf die Haare über die Stirnkante abwärts. Eine billige Stahlbrille hing lose von den bemerkenswert feinen Ohren über die schmale, spitze Nase herab. Seltsam zart war der Mund, der das träumte, was sonst die Augen träumen. Der Neue [Bronnen meint sich damit selbst] sah: Er hatte noch nie einen Menschen gesehen. Er hatte das große Gefühl: Das, was jetzt ist, kann nie aufhören. Er hatte das Gefühl der Erkenntnis: In dem kleinen, unscheinbaren Menschen dort schlägt das Herz dieser Zeit. Er hatte das Schülergefühl: Liebe, große Liebe in der Welt, gib mir den als Freund.«[36]

Man mag, neben der Faszination, die Brecht ausübte, auch die Bereitschaft, sich faszinieren zu lassen, an diesem Text feststellen: es war eine Bereitschaft, die Bronnen und viele seiner Generation auch ihre männerbündische Begeisterungsfähigkeit für den Faschismus aufbringen ließ.

Auch Zuckmayer, gewiß weit von der Gefahr entfernt, wie Bronnen in Brechts Bann zu geraten, erinnert sich an die Faszination, die vom Moritatensänger Brecht ausging: »Wenn er zur Laute griff, verstummte das Geschwirr der Gespräche, die Schleichschritte der sich in schlechter beleuchteten Ecken herumschiebenden Tangotänzer hörten auf, alles hockte um ihn her, wie in einen magischen Bann geschlagen.«[37] Zuckmayer beschreibt dann, wie der junge

Brecht auf Menschen angewiesen war: »Brecht brauchte Zuhörer, auch solche, die mitredeten oder die er fragte, wenn er am Werk war. Er verarbeitete dann sofort, was er von dem Gesagten nutzen konnte, auf seine Weise.«[38]
Zuckmayer, der beim ersten Zusammentreffen mit Brecht das Gefühl hatte, einem Genie begegnet zu sein, hat Brecht einmal wegen der kollektiven Arbeitsweise, die damals in Berlin in Mode kam, herausfordernd geneckt: » ›Für dich ist das Kollektiv eine Gruppe von intelligenten Leuten, die zu dem beitragen, was einer will, nämlich du.‹ Er sagte, mit seinem eigentümlich verschlagenen Lächeln: da hätte ich gar nicht unrecht.«[39]
In seinen Erinnerungen registriert Zuckmayer auch, daß der junge Brecht von Politik eigentlich nichts wissen wollte: »Worte wie ›die Veränderung der Welt‹ gehörten damals nicht zu seinem Vokabular. Er verabscheute die Phraseologie des Aufrufs, wie sie bei den Pathetikern des Expressionismus gang und gäbe war. Wenn er später vom ›Verändern der Welt‹ sprach, so meinte er eine ganz bestimmte, konkrete Veränderung, die er sich ideologisch untermauert hatte. Damals stand er jeder Ideologie, der Politik überhaupt, distanziert und kühl gegenüber. Wir haben viel und oft darüber geredet. Ich war damals der politisch stärker ›Engagierte‹, mit der Zeit hat sich das in gewisser Weise umgedreht. Ich gab ihm Ernst Bloch, Lukács, die er nicht kannte – es interessierte ihn kaum.«[40] Zuckmayer gibt für Brechts politische Entwicklung eine knappe Erklärung: »Er wollte die feste Regel, den Ordo, die gültige Bindung, und er nahm die nächste und beste, in seinem Betracht die menschlichste, die sich ihm anbot.«[41]
Auch Bronnen erinnert sich an einen unpolitischen jungen Brecht, der sich Hitlers Münchner Auftritte wie ein miserables Schmierentheater zu Gemüte führte.

Ernst Josef Aufricht, an dessen Theater die »Dreigroschenoper« uraufgeführt wurde, erinnert sich ebenfalls eher an einen bohèmehaften Theatermann, der im Künstlerlokal Schlichter herumsitzt: »Sein langes Gesicht hatte oft den asketischen Ausdruck eines Mönches, manchmal auch die Durchtriebenheit eines Galgenvogels. Er hatte dunkle stechende Augen, die gierig und hungrig alles, was sich ihnen anbot, aufsaugten. Er war dürr, mit abgefallenen Schultern. Seine ungepflegte proletarische Aufmachung mit Mütze, Joppe und nacktem Hals habe ich immer für eine Brechtsche ›Verfremdung‹ gehalten. Trotzdem sein Äußeres eher abstieß, war er anziehend.«[42]
Aufricht, ganz Theaterdirektor, schildert in seinen Erinnerungen Brecht vor allem als Theaternatur, mit Brüllereien auf der Probe, mit versprochenen Manuskripten, die noch kurz vor der Premiere nicht fertig sind, mit Schauspielereitelkeiten, die Brecht mit Zusatztexten fütterte. Mehr am Rande registriert Aufricht mit Unbehagen, wie Brecht mehr und mehr von kommunistischen Freunden umgeben war, die er ins Theater mitschleppte, denen er eine Rolle verschaffte oder für die er politische Slogans in seine Stücke einflocht. Es sind, wie gesagt, die Erinnerungen eines risikofreudigen, aber geschäftstüchtigen Theaterdirektors, der mit einem ungebärdigen Autor sein Kreuz hatte.
Die schönste und wildeste Szene ereignete sich während der Proben von »Mahagonny«: Weill und Brecht stritten andauernd um die Priorität von Wort und Musik, brachten Anwälte ins Theater mit, die mit einstweiligen Verfügungen drohten. »Brecht schlug einem Pressefotografen die Kamera aus der Hand, er hatte ihn mit Weill zusammen aufgenommen. ›Den falschen Richard Strauss werfe ich in voller Kriegsbemalung die Treppe hinunter!‹ schrie Brecht hinter Weill her.«[43] Und so sieht, aus der Perspektive des Theaterdi-

rektors, die Politik auf der Bühne aus: »Um Brecht von den ›Mahagonny‹-Proben fernzuhalten, bot ich ihm an, mit seinem Stück ›Die Mutter‹ (nach Gorki) zu beginnen.« Brecht wird in ein kleines Haus abgeschoben, Aufricht begrenzt das finanzielle Risiko auf 3000 Mark. »Die Titel- und Hauptrolle spielte Helene Weigel. Ich hätte diesen Brecht nicht aufgeführt, aber ein Stück mit soviel Ideologie und mit der Weigel in der zentralen Rolle mußte Brecht faszinieren. Meine Rechnung ging auf. Brecht bevorzugte den Keller und ließ uns oben bei ›Mahagonny‹ in Ruhe.«[44]

Das war im Jahr 1931, Brecht hatte gerade seinen ersten Beitrag in der KP-Zeitung »Rote Fahne« geschrieben: Aufricht hat den Moment festgehalten, wo der Theatermann Brecht sich zum politischen Stückeschreiber gewandelt hat. Neue Freunde waren an den neuen Ideen beteiligt, Slatan Dudow vor allem.

Zeugen des späten Brecht-Theaters werden die theaterüblichen Eitelkeits- und Eifersuchtsausbrüche nicht überliefern können. Marianne Kesting hat 1954 die Proben zum »Kaukasischen Kreidekreis« besucht: »Drinnen saß Brecht, umgeben von einer Schar junger Leute, in einem Ledersessel und führte Regie. Von kleiner Statur, angetan mit einem grauen sackartigen Anzug und einer Sportmütze auf dem Kopf, schien er auf den ersten Blick eine Mischung von Arbeiter und Sträfling, ein Eindruck, der sich erst verflüchtigte, wenn er, genießerisch an seiner Zigarre saugend, aufmerksam, heiter, eingreifend und verbessernd, fragend oder vormachend, den Vorgängen auf der Bühne folgte. Dabei holte er immer Rat und Meinung der jungen Assistenten ein und ließ keinen Vorschlag unausprobiert. Das war mehr als eine freundliche Geste: seine Art der Kollektivarbeit bestand darin, alle zu gleichwertigen Mitarbeitern an einer Sache zu machen.«[45] Das Gespräch hat Brecht, wie gesagt, ein Leben lang gesucht. Zitieren wir als letzten Zeugen Max Frisch, der Brecht während dessen Zürcher Nachkriegsaufenthalt begegnete: »Der Umgang mit Brecht, anstrengend wie wohl jeder Umgang mit einem Überlegenen, dauert nun ein halbes Jahr, und die Versuchung, solchen Umgang einfach abzubrechen, ist manchmal nicht gering. Es ist Brecht, der dann wieder einmal anruft oder auf der Straße, immer freundlich in seiner trockenen und etwas verhaltenen Art, fragt, ob man einen freien Abend habe. Brecht sucht das Gespräch ganz allgemein. Meinerseits habe ich dort, wo Brecht mit seiner Dialektik mattsetzt, am wenigsten von unserem Gespräch; man ist geschlagen, aber nicht überzeugt. Auf dem nächtlichen Heimweg, seine Glossen überdenkend, verliere ich mich nicht selten in einen unwilligen Monolog: Das stimmt ja alles gar nicht ... Seine Haltung, und bei Brecht ist es wirklich eine Haltung, die jede Lebensäußerung umfaßt, ist die tägliche Anwendung jener denkerischen Ergebnisse, die unsere gesellschaftliche Umwelt als überholt, in ihrem gewaltsamen Fortdauern als verrucht zeigen, so daß diese Gesellschaft nur als Hindernis, nicht als Maßstab genommen werden kann ... Das Lockere, das Entkrampfte: eine unerhörte Forderung innerhalb eines Lebens, wie Brecht es führt, eines Lebens in Hinsicht auf eine entworfene Welt, die es in der Zeit noch nirgends gibt, sichtbar nur in seinem Verhalten, das ein gelebter, ein unerbittlicher und durch Jahrzehnte außenseiterischer Mühe niemals zermürbter Widerspruch ist. Christen verhalten sich zum Jenseits, Brecht zum Diesseits. Das ist einer der Unterschiede zwischen ihm und den Priestern, denen er, wie gerne er sie auch aus seiner anderen Zielsetzung heraus verspottet, nicht so unähnlich ist; die Lehre vom Zweck, der die Mittel heilige, ergibt ähnliche Züge auch bei entgegengesetzten Zwecken.«[46]

Das war vor der Zeit in Ostberlin. Brecht wußte noch nicht, ob er nach Berlin oder nach Salzburg gehen würde. Seine Überzeugungen waren längst gesichert, er kannte den besseren Weg. Er hat sich seiner letzten Heimat nicht »angepaßt«, sondern hat sie gesucht: als die Welt, die sich für ihn und andere verändern ließe.

# Der Mann, die Frauen

»Und kommt ihr hoch, so kommt ihr höchstens auf ein Weib. Das zieht ihr aus, sie euch hinab: Ihr zahlt den Zeitvertreib.«

*»Das Beschwerdelied«,* GBA XIII, 92

In »Herr Puntila und sein Knecht Matti« gibt es eine Szene, die eine Art Braut-Probe oder Ehe-Examen darstellt: der trunkene Puntila bietet seine ebenfalls angetrunkene Tochter Eva seinem Knecht und Chauffeur Matti als Braut an, weil dieser sich wohltuend von der Spottgestalt des ursprünglich für die Tochter vorgesehenen Attachés unterscheidet. Da der »Puntila« ein Volksstück ist, darf man für die Grundstruktur dieser Szene durchaus an Zuckmayers »Fröhlichen Weinberg« denken, wo die Bewerber der besseren Stände ja ebenfalls schwächlich und lächerlich gegenüber den Kraft-Männern aus dem Volk ausfallen. Doch bei Matti reicht es nicht zur proletarischen Kraft. In dieser Braut-Probe will Brecht die Unvereinbarkeit zwischen zwei Ehepartnern verschiedener Gesellschaftsklassen zeigen. Eva, die Gutsbesitzerstochter, soll als luxuriöses Gänschen aus der Prüfung hervorgehen, es soll mit dem gespielten Examen bewiesen werden, daß die Ehe zwischen reich und arm schiefgehen muß, weil die reiche Tochter als Chauffeursfrau den härteren materiellen Bedingungen nicht gewachsen sein kann. So weit, so gut. Doch das Ehe-Examen, das Matti als Mann aus dem Volk veranstaltet, nimmt sich, rechnet man Matti dem besseren Teil der Menschheit zu, reichlich seltsam aus.

Das beginnt schon damit, daß Matti sich weigert, die luxuriöse Braut zu seiner Mutter mitzunehmen, weil es dort nur ein Sofa zum Schlafen gebe. Ob der daraus vielleicht resultierenden Unmoral könne die einfache alte Frau vom Schlag getroffen werden. Der kräftige Matti als schwächliches Muttersöhnchen, das sich Moralvorstellungen von merkwürdiger Muffigkeit unterwirft?

Aber auch das darauffolgende eigentliche »Examen« verlangt von der Braut erstaunliche Unterwerfungsrituale, billigt dem proletarischen Mann eine befremdliche Pascha-Rolle zu. Obwohl ausdrücklich davon ausgegangen wird, daß sie als Gutswäscherin den ganzen Tag so schwer wie ihr Mann gearbeitet hat, muß sie nicht nur den ganzen Haushalt allein machen und dabei ihren Mann, der sich an den Tisch fläzt, bedienen, sie hat ihm auch die Zeitung zu reichen und darf ihn nicht stören, wenn er darin liest, sie muß ihm als »Stiefelknecht« die Schuhe von den Füßen ziehen, die er ihr, dabei unfreundlich brummend, entgegenstreckt. Und, Krönung des Ganzen: sie darf nicht den Fehler begehen, auf ihn zuzulaufen, ihn zu küssen und zu umarmen, wenn er von der Arbeit nach Hause kommt, denn solche »Vertraulichkeiten und Schnickschnacks« verbittet sich der müde Mann.

Natürlich ist dies eine Szene, die solche Verhältnisse geißeln soll, in denen die Ausbeutung von Mann und Frau alle Partnerschaft auf Zweckmäßigkeit und Wiederherstellung der Arbeitskraft reduziert und alle Zärtlichkeit verschlingt. Dennoch kommt man nicht umhin, in dieser Szene einen männlichen Chauvinismus am Werk zu sehen, der noch dazu mit proletarischem Puritanismus die Sinnlichkeit als Luxusattüde besserer Kreise zu denunzieren trachtet. Klaus Völker, dessen Biographie doch eher von Verständnis für und Einverständnis mit Brecht getragen ist, bemerkt angesichts der Matti-Figur daher auch, daß sie eine »ziemlich spießige Moral« besitze: »Ausgesprochen kleinbürgerlich ist seine Haltung Eva gegenüber, die am unangenehmsten in seinen Vorstellungen von einer guten Arbeiterehefrau zum Ausdruck kommt.«[47]

Die spießige Moral und die kleinbürgerliche Haltung bleibt nicht auf das Werk beschränkt, sie hat auch im Leben Brechts manch starken Abdruck hinterlassen.

Klaus Theweleit hat den von ihm geliebten und verehrten B. B. daher auch nicht ohne Kummer als »Beleg« in sein mit einer faschistischen Männermoral abrechnendes Buch »Männerphantasien« aufnehmen müssen – dort nämlich, wo er von dem seltsamen Verhältnis auch der proletarischen Bewegung zur Frau als Prostituierter spricht. Theweleit ertappt den jungen Brecht nämlich bei einem typisch spießig doppelbödigen Moralverhalten. Einerseits habe Brecht in seinen Stücken Huren voller Verständnis dargestellt, andererseits aber sei er nicht besonders großzügig mit dem »Hurenproblem« umgegangen, und zwar dann, wenn »sein eigener Leib involviert war«.[48]

Die Probe aufs Exempel ist Brechts Verhalten gegenüber der Schauspielerin Marianne Zoff. Als sie von Brecht, den sie liebte, schwanger war und gleichzeitig einen Heiratsantrag von dem reichen Industriellen Recht gemacht bekam. Brecht machte ihr nun keineswegs seinerseits ein Heiratsangebot, sondern bat sie lediglich, bis zur Geburt des Kindes bei ihm zu bleiben. Sie jedoch fühlte sich von Brecht im Stich gelassen und ließ das Kind abtreiben. Die Sätze, die Brecht diesem Vorfall am 9. Mai 1921 in seinem Tagebuch widmet, haben sich in der Tat gewaschen: »Die Hure sollte kein Kind haben, mein Kind ging von ihr, da sie kein reines Herz hatte«[49]. Der Mann Brecht hat »das Erlebnis der Gemeinheit«: »Ich könnte das Mensch erwürgen. Es ist das Schmutzigste, was ich erlebt habe ...«[50] Und er gerät in eine

ganz allgemeine Rage: »Nie habe ich den Schwindel des Hurentums: die Romantik, so nackt gesehen. So entlädt sich die schwangere Hure!« Mit einem Reinheitsideal, wie es sonst nur Sizilianer von Frauen hegen und an Frauen vollstrecken, schüttelt es ihn noch nachträglich: »Und diesen gesprungenen Topf, in den die Abflüsse aller Männer rinselten, habe ich in meine Stube stellen wollen!« Die Konsequenz: »Heraus! Heraus! Jetzt sie als Hure benutzen lassen, den andern hinwerfen, dem Recht überlassen!«[51] Recht, wohlgemerkt, ist der Konkurrent, nicht etwa die Justiz.
Man muß wohl die Wut und die Eifersucht des verletzten Liebhabers diesen Äußerungen zugute halten. Trotzdem erscheint dann ein Mann, dem »seine Stube« zu schade und zu gut für ein »solches Mensch« ist und der sich über das Hurentum nicht anders entrüstet als sämtliche Spießer seiner Zeit.
Dies ist, so mag man einwerfen, ein Zeugnis für das Macho-Gehabe des jungen Brecht. Doch im Grunde verrät eine autobiographische Aufzeichnung aus dem Jahre 1953 die gleiche besitzanmaßende, selbstherrliche Manneshaltung. So berichtet er von seiner Freudin, »die ich jetzt habe«: »Diese Frauen weinen, wenn sie gescholten werden, ob mit Recht oder nicht, einfach weil sie gescholten werden.«[52]
Bald glaubt er, ein Recht zum Schelten zu finden. Er überrascht seine junge Geliebte in seinem Arbeitszimmer in einer mißverständlichen Situation mit einem jungen Mann: sie auf dem Sofa sitzend, er etwas verschlafen auf dem Sofa liegend. Die Freundin macht eine etwas gezwungene Bemerkung über die Situation und ist danach ziemlich betreten, ja erschrocken. Als sie Brecht, zwei Tage später, fragt, ob er denn ärgerlich sei, wirft er ihr vor; »sie schmiere sich an ihrer Arbeitsstätte mit den nächstbesten Männern herum«.[53]

Und dann folgen Sätze, die sich bestenfalls im Tonfall, keineswegs aber in der dahinterstehenden Haltung von Brechts Zoff-Invektiven unterscheiden: »Ich finde, daß ich die Achtung für sie verloren habe; sie kommt mir billig vor. Nicht ohne Erleichterung konstatiere ich das völlige Verschwinden meiner Verliebtheit. Sie aber ist immer noch bestürzt, verteidigt sich nicht, benimmt sich ganz, als sei sie eben überrascht worden in einer törichten, unnötigen Affäre und versucht nur eines: wo immer es möglich erscheint, meinen Rat zu erfragen. Rat kann ich nicht verweigern oder für mich behalten.«[54]

Hier den Altersschmerz zur Verteidigung dieser Sätze zu bemühen wie dort das jugendliche Ungestüm, hieße übersehen, daß Brecht sich, Mann, der er war, durchaus Vielfalt zubilligte, während er weibliche Einfalt verlangte. Treue, das war für ihn ein weibliches Attribut. Denn während er beispielsweise mit der Zoff stritt und sie immer wieder, wie die Tagebücher nicht ohne trotzigen Genuß festhalten, zum Weinen brachte, hatte er durchaus noch zu anderen Frauen Beziehungen, zu Bi Banholzer beispielsweise, die ihn aber auch in seiner Männlichkeit verletzt: »Ich bin viel bei der Bi, die wieder gut ist und verliebt, und ich bin es auch. Trotzdem lügt sie noch einmal, geht mit einem Kloivi von Kimratshofen abends ins Café, und ich ertappe sie, die schmal und eilig daherschießt, die dumme Geiß! Ich sage ihr, daß ich die Mar küßte, zwei- bis dreimal, abends im Siebentischwald im Schnee, mehr wage ich nicht, da sie ganz erblaßt.«[55]

Auch sonst quält der Eifersüchtige seine Freundinnen nicht ohne Sadismus. Als er die Zoff nach ihrer Abtreibung in der Klinik besuchte, gab er sich »zugeknöpft bis oben: sie reißt es auf, sie umschlingt meine Knie, sie weint. Sie will kommen in zwei Monaten, sie will frei bleiben bis dahin. Ich zeige ihr, grausam, die Bilder vom Frank (seinem Sohn), sie weint laut auf, und ich habe Mitleid. Aber dann gehe ich leicht weg, und die Tage verschlingen sie.«[56]

Brecht hat Marianne Zoff dann schließlich doch noch geheiratet, der Ehe entstammt die Brecht-Tochter und Brecht-Schauspielerin Hanne Hiob. Dennoch offenbart dies alles Züge einer Doppelmoral, bei der dem Mann recht ist, was die Frau billig macht. Brecht, der auf weiblicher Treue bestand, verhielt sich seinerseits zeitweilig wie der Held eines französischen Schwanks. So liest sich, in Völkers Biographie, die private Nebengeschichte der »Dreigroschenoper«: »Carola Neher war ziemlich empört, als Brecht sie im April 1929 am Bahnhof abholte und ihr nebenbei mitteilte, er habe soeben Helene Weigel geheiratet. ›Es war unvermeidlich, aber es hat nichts zu bedeuten‹, so ungefähr lautete sein erklärender Kommentar. Für Elisabeth Hauptmann kam Brechts Entscheidung am unerwartesten. Enttäuscht unternahm sie damals einen Selbstmordversuch, von dem sie sich glücklicherweise erholte. Schließlich akzeptierte sie das Verhalten des Freundes, der mit einem Gedicht um Nachsicht bat und an die ›besondere Einsicht‹ appellierte:

›Auf dich wurden Lasten gelegt, die man
Nur auf die sichersten Schultern legt,
Du wurdest übersehen wie das Nächstliegende.
Von dir wurde erwartet
Die besondere Einsicht.
So essen am letzten die, denen das Werk am
nächsten steht: die Köche.‹

Dagegen bestand Marieluise Fleisser auf Trennung. Die Heirat und den Skandal, den Brechts ›Pioniere‹-Bearbeitung kurz darauf machte, wollte sie nicht einfach hinnehmen.«[57]

Nicht um mit voyeuristischem Genuß durch ein Schlüsselloch zu blicken, um da einen Mann, drei verlassene Geliebte und eine betrogene Ehefrau (»es hat nichts zu bedeuten«) zu beobachten, zitiere ich diese Stelle, sondern um des seltsamen Kontrasts willen, den ein solches »Figaro hier, Figaro da«-Verhalten zu den wütenden, vor Moral triefenden Angriffen auf weibliche Untreue bildet, und um des ebenso seltsamen Gedichts wegen, das der verlassenen Elisabeth Hauptmann Trost zusprechen sollte und damit offensichtlich auch seine Wirkung nicht verfehlte. Dieses Gedicht kennt ein »Du«, aber es enthält kein »Ich«. Auf das »Du« wurden Lasten gelegt – von wem? Das »Du« wurde übersehen – durch wen? Vom »Du« wurden besondere Einsichten erwartet – wer erwartete sie? Brecht, so läßt das Gedicht vermuten, parabolisiert hier auch die eigenen Liebeshandlungen und -mißhandlungen ins unverbindlich Allgemeine. Da ist, was Elisabeth Hauptmann anlangt, kein Mann, sondern ein abstraktes Prinzip, ein Weltgeist am Werk gewesen. Der prüfte sie, nur damit sie zeigen konnte, wie stark und wie auserwählt sie wäre.

Es ist keine Übertreibung, wenn man in diesen Zeilen so etwas wie das Brecht-Programm seinen Mitarbeiterinnen gegenüber sieht: sie waren Auserwählte und hatten sich nicht zu beschweren. Taten sie es doch, dann wirkten sie auf den Autor, als hätten sie sich von der lieblichen Shen Te in den aufdringlichen Shui Ta verwandelt.

Ruth Berlau, die Brecht im dänischen Exil kennengelernt hatte und die ihm aus ihrem Wohlleben an der Seite eines berühmten Arztes und als gefeierte Schauspielerin in die Entbehrungsjahre der Emigration folgte, wo er ängstlich zu verschleiern suchte, daß sie nicht nur Mitarbeiterin, sondern auch Geliebte war, hat das »Leben für Brecht« genannt und dieses Leben, diese Symbiose von Mitarbeiterin und Geliebter so beschrieben: »Brecht ging früh zu Bett und stand sehr früh auf. Er arbeitete immer, denn alles, was Brecht machte, war Arbeit. Das heißt, es vergeudete keine Zeit, sondern teilte sie sich ein. Auf mich wirkte sich das so aus, daß ich über meine Zeit nie selbst verfügen konnte und nie Zeit hatte. Es gab immer etwas für Brecht zu erledigen. Ich habe jetzt noch das Gefühl, als ob ich zwanzig Jahre nicht gesessen hätte.«

Und Berlau zitiert Elisabeth Hauptmann, die sie in New York bat, zwei Stunden in der Woche für Brecht zu arbeiten: »Zwei Stunden für Brecht? Wer für Brecht arbeitet, arbeitet nicht unter vierundzwanzig Stunden am Tag!«

Hat also John Fuegi in seinem Buch *The Life and Lies of Bertolt Brecht* recht, wenn er sich mit dem Eifer einer spießigen *political correctness* und der Lust des Schlüssellochvoyeurs an schmutziger Wäsche (die längst zu Archivstaub zerfallen ist) über den erotischen Vielfraß Brecht entrüstet, der Bett und Schreibmaschine mit vielen Frauen teilte, sie bei der Liebe und bei der Arbeit ausbeutend?

Brecht und die Frauen, ach ja! Was haben sie alle mit- und durchgemacht! Carola Neher, Marieluise Fleisser, Elisabeth »Bess« Hauptmann, Ruth Berlau, Käthe Reichel, Käthe Rülicke, Margarete Steffin usw. usf. Brecht hat sie benutzt und sich nicht gewaschen, er hat sie betrogen, sie gleichzeitig mit seiner Pascha-Eifersucht traktiert und dabei nur kalt die Achsel gezuckt. Sie wurden über ihr Verhältnis zu ihm zu Alkoholikerinnen, krank, schleuderten seine Gipsmasken durchs Zimmer, bettelten und fluchten. Trotz aller Trennungsversuche blieben sie in seiner Abhängigkeit, auch weil sie der unerbittliche Egomaniak nicht daraus entließ.

Ruth Berlau, zum Beispiel, hat Brecht in den USA, wo sie Arbeit fand, zeitweise auch »ausgehalten«, hat ihm einen

Sohn geboren (der bald nach der Geburt starb, was Brecht mit großer Kälte aufnahm). Und sie folgte ihm auch nach Ostberlin, wo sie wesentlich mithalf, das Brecht-Archiv aufzubauen.

Vier Jahre vor seinem Tod sagte ihr der Stückeschreiber: »Ich werde dir jetzt etwas Schlimmes sagen, Ruth, aber du mußt es wissen: Wenn ich morgen auf der Straße tot umfalle, bist du schuld. Du hast mich fünf Jahre meines Lebens gekostet. Ich bin jetzt 53 Jahre alt und sehe fünf Jahre älter aus.« So alt, wie er aussah, sollte er nicht mehr werden.

War das seine Bilanz vom Zusammenleben und Zusammenarbeiten mit seiner treuesten Gefolgsfrau? Und wie sieht die Bilanz auf ihrer Seite aus? »Die Aufgaben«, erinnert sich Berlau an die 24-Stunden-Fron pro Tag, »waren ja auch so interessant, daß man sie freiwillig übernahm. Denn Brecht hat nie jemanden dazu gezwungen oder auch nur darum gebeten. Nie! Im Gegenteil, er sagte immer wieder: ›Jetzt hast du wieder so viel gearbeitet. Das darfst du nicht.‹ Aber wenn er höflich fragte: ›Wo sind die Bilder, die du gestern aufgenommen hast?‹, dann waren sie natürlich da, denn sonst hätte Brecht nicht weiterarbeiten können ...«

Verhältnisse, auch Arbeitsverhältnisse B. B.s waren komplizierter, als es sich unsere Schulweisheit träumen läßt. Vom Eifer eines moralinsauren Professors wie John Fuegi ganz zu schweigen.

Ist von Brechts Verhältnis zu Frauen die Rede, dann wird gerne aus dem Gedicht »Vom armen B. B.« zitiert, wo er doch, frei von jeder Heuchelei, gesagt hat, was von ihm in dieser Hinsicht zu erwarten sei:

»In meine leeren Schaukelstühle vormittags
Setze ich mir mitunter ein paar Frauen

Und ich betrachte sie sorglos und sage ihnen:
In mir habt ihr einen, auf den könnt ihr nicht bauen.«[58]

Mir scheint, auch weil es zu der Metapher von den »Köchen« paßt (gehören Frauen, nach dieser Metapher zu schließen, in die Küche?), die Brecht der Elisabeth Hauptmann zusprach, eine andere Zeile des armen B. B. das Verhältnis Brechts zu den Frauen noch klarer zu umreißen: »Fröhlich machet das Haus den Esser: er leert es.«[59]
Von seinen Freundinnen und Partnerinnen hat Marieluise Fleisser ihr Verhältnis zu Brecht, ihr Verhältnis mit Brecht, das Zusammenspiel von Liebe und Arbeit, was daran Zerstörung und was daran Aufbau war, besonders präzise, schön, bewegt und gerecht festgehalten. Es war eine Beziehung, die mit einer Flucht endete – Flucht aus Selbstbehauptung oder Flucht ins unscheinbare Kleinbürgerleben? Da das Losreißen von Brecht mit dem Beginn des Faschismus in Deutschland nicht nur zeitlich, sondern nahezu kausal zusammenfiel (»Die Pioniere in Ingolstadt« sind das Theaterereignis, an dem sich das Ende der Weimarer Republik am deutlichsten manifestiert), ist die Frage schwer zu beantworten. Jedoch ist man geneigt zu sagen, daß die Fleisser die genauere, reichere, gerechtere Dramatikerin im »Fegefeuer in Ingolstadt« ist, in dem Werk also, das nicht, wie die »Pioniere«, unter Brechts bestimmendem Einfluß verändert und zugespitzt wurde.
Marieluise Fleisser lernte Brecht als junge Studentin kennen. »Das wird meine Frau«, hatte er ganz am Anfang gesagt. Sie jedoch war sich nicht ganz im klaren, ob sie nun seine Freundin, Mitarbeiterin oder Geliebte war oder alles oder von jedem etwas. Sie konstatiert seinen »Verschleiß an Menschen«, nimmt ihm dennoch klaglos »seinen täglichen Kram ab«: »Seine Zeit war mehr wert, darüber ließ sich

nicht einmal streiten.«[60] Daher war sie ihm, auch wenn ihr Studium darunter litt, zur Hand, wenn er sie brauchte.
So fühlt sie sich tief unter ihm stehen, schreiben lernt sie nur an der Art, wie er schrieb, spürt doch gleichzeitig seine Gefährlichkeit: »Der Mann saugte sie auf.« Zum Widersetzen war sie zu jung. So muß sie sich durchhungern, für Fremde arbeiten, um für ihn umsonst arbeiten zu können. Und obwohl sie ihn liebte, konnte sie mit keiner Bindung rechnen. Brecht, ganz Paraboliker auch im Privaten: »Es ging zuvor um die Sache. Der Mensch war so wichtig nicht, der Mensch ließ sich ersetzen.«[61] Als Frau registriert Marieluise Fleisser, bei aller Faszination und Abhängigkeit, das Rollenverhalten des Mannes: »Der Mann erlaubte sich viel, der Mann durfte es sich erlauben, damit fing es überhaupt an.«[62] In der Nacht, wenn sie wach lag, ging ihr wohl auf, »was das für ein Hundeleben war«.
Auch mit ihrer Schriftstellerei läuft es schief: »Er verlangte ihr ab, was nicht drin war. Sie spürte, da war was falsch, an ihr mußte es liegen, oder lag es nicht einmal an ihr? Was ihr ganz zu eigen war, wurde verletzt, gerade das ließ er nicht gelten. Die Atmosphäre strich er heraus, er schien ein für allemal sie zu hassen.«[63] Brecht vollzog also an der Fleisser die gleiche Operation, der er sich unterwarf.
Sie flieht, lernt einen anderen Mann kennen. Brecht kommt in Berlin mit der »Dreigroschenoper« zu Ruhm, bringt ihr Pionier-Stück an dem gleichen Theater an, es kommt zum Theaterskandal. Sie empfindet die Aufführung als seine satanische Rache, befreit sich endgültig von ihm, verlobt sich mit einem Mann, der rechts steht.
So berichtet es Marieluise Fleisser in der Erzählung »Avantgarde«. In der Erinnerung an Brecht in der Erzählung »Frühe Begegnung« korrigiert sie den Eindruck der ersten Erzählung, indem sie sich gegen die »Unterstellung« wehrt,

sie habe Brecht angreifen wollen: »Man muß Brecht nicht vor mir verteidigen. Ich gehöre zu den Freunden Brechts.«[64] Trotzdem gesteht sie, daß Brecht für sie ein »Trauma« gewesen sei, so hätte ihre Erzählung »Avantgarde« zuerst auch heißen sollen. Sie hat ihn ein halbes Jahr vor seinem Tod in Berlin noch einmal besucht: »Er setzte sich auf einen Stuhl von den Menschen sehr entfernt, ich sah ein tragisches Gesicht.«[65] Und noch einmal, mit mehr als zwanzigjährigem Abstand, beharrt sie darauf, daß er mit dem Atmosphärischen in ihrem Stück das Wesentliche habe streichen und tilgen wollen. Und in der Rückschau erkennt sie, wer der junge Brecht war: der frühe Brecht ... »das ist Baal«. Hat er diesen Baal ebenso »gestrichen«, wie er der Fleisser das Atmosphärische strich? Und kommt er ihr vielleicht auch deshalb »sehr entfernt« von den Menschen vor, hat auch er deshalb jetzt, im nachhinein »ein tragisches Gesicht«?

P. S.

Die beiden Frauen, die ihm am meisten zu Diensten waren und denen er seinerseits die meiste gemeinsame (Arbeits-)Zeit ein Leben lang gewidmet hatte, Elisabeth Hauptmann und Ruth Berlau, bedachte er in seinem Testament: mit Tantiemen an einigen Stücken, an denen sie Anteil hatten.

Aber jetzt übte Helene Weigel, die »legitime« Witwe, Rache und focht das Testament erfolgreich an. Berlau erhielt von ihr sofort auch noch Hausverbot am BE.

Jahre später, die Mauer ist längst gefallen und Brechts Theater in Heiner Müllers Hand, kann man im Theater am Schiffbauerdamm Brechts winziges Turmzimmer mit der kleinen Couch besichtigen: durch die zweite Tür, so will es die Legende, entließ der Ehemann der Prinzipalin, entließ

Brecht unauffällig seinen Damenbesuch. Und die Hausherrin? Die Weigel? Sie hatte sich in ihrem Intendanten-Zimmer das Fenster zum Hof vergrößern lassen. Um die Bewegungen und BesucherInnen besser beobachten zu können.
So folgt die Touristenlegende dem Leben als Farce und Seitensprungkomödie.

# Der arme B. B.

»Natürlich war ich auch begabt, vor vierzig Jahren besonders. Jüngere Leute sind meistens begabt; das sind Geschlechtskrankheiten.«

*»Autobiographische Aufzeichnungen«*, S. 238

Der jugendliche Brecht trat als Bürgerschreck, als Zerstörer einer morschen Welt, zumindest als Verkünder des Zerfalls dieser Welt auf. So erschien er (auf Fotos), mit der Zigarre im Mund, eine Proletenmütze auf dem kurzgeschorenen Haar, das Hemd offen, meist mit einer dunklen Lederjacke bekleidet, wohl auch mit einer gewissen zur Schau getragenen Unlust, sich den bürgerlichen Reinlichkeitsritualen zu unterwerfen. Sein Instrument war die Gitarre, sein Umgang die Bohéme, sein Boden der Asphalt, der Großstadtdschungel. Der radikale Bruch mit allem Tradierten wird angestrebt, aber, so kann man sagen, es ist eher ein literarischer als ein existentieller Bruch: den von Strindberg auf die Expressionisten überkommenen Generationskonflikt Vater–Sohn hat der Sohn Brecht im Hinblick auf sein Elternhaus wohl nie in dieser Schärfe erfahren. Trotz aller geistigen Fremdheit bleibt das Verhältnis eher ungetrübt; der Vater unterstützt und billigt die Aktivitäten seines Sohnes, obwohl sie sich seinem Verständnis entziehen.

Der frühen Augsburger Lebensform ist Brecht in gewisser Weise sein Leben lang verhaftet geblieben. Eine gewisse süddeutsche Resistenz gegen eine radikale Entwurzelung läßt sich daher nicht nur in seinem lebenslang unverkennbar süddeutsch gefärbten Idiom ablesen, das auch einen Widerstand gegen das Pathos und die Phrase darstellt. Beidem

widersetzt sich die handfeste, sinnlich haftende erdnahe Direktheit des schwäbischen Idioms aus Brechts Augsburger Kindheit und Jugend. Das offizielle DDR-Deutsch kennzeichnet er später treffend als »Kaderwelsch«.
Der Gegensatz, den Brecht in seiner Jugend erfuhr, war so weniger der zum Elternhaus, als viel mehr der zur bürgerlichen Umwelt Augsburgs. So sieht es vor allem Hans Mayer, der die Kontinuität zum Elternhaus im späteren Leben Brechts registriert: »Den puritanischen Zug des Elternhauses hat übrigens Brecht, wie immer er ihn später stilisieren mochte, in seiner Lebenshaltung beibehalten. Essen wollte er, wie in seiner Familie und nächsten Umgebung bekannt war, bis zum Lebensende eigentlich nur, was man einst in Augsburg zu essen pflegte.«[66] Mayer folgert daraus: »Der Konflikt, den Brechts frühe Dramatik recht genau widerspiegelt, hatte weniger mit dem Generationsproblem zu tun als mit sozialer Heimatlosigkeit.«[67]
Daraus wird ersichtlich, daß das Bild, das Brecht von sich in den zwanziger Jahren vermittelte, eher eine Stilisierung aus Einsicht als aus Notwendigkeit darstellte. Und in der Tat hat ihn damals der Zweifel an der eigenen Ernsthaftigkeit dauernd beschäftigt, am deutlichsten in den Tagebüchern und autobiographischen Aufzeichnungen, die im folgenden zitiert werden im Bewußtsein der Gefahr, daß momentane Stimmungen, einmal als Aufzeichnungen festgefroren, ein Bild einseitig fixieren, das so feste Züge nicht aufweisen wollte und konnte. So notiert Brecht 1926: »An dem Tag, wo in der Literatur nichts mehr zu holen ist, verlasse ich sie.« Oder: »Ich schwanke sehr, mich der Literatur zu verschreiben. Bisher habe ich alles mit der linken Hand gemacht.«[68] Und, noch um 1936: »Ich bin Stückeschreiber. Eigentlich wäre ich gern Tischler geworden, aber damit verdient man natürlich zu wenig.«[69]

Neben das Bild des jugendlichen Brecht tritt im Bewußtsein der Öffentlichkeit das Bild des alten Brecht, das des jugendlichen Outsiders und zynischen Herausforderers einer als zynisch erfahrenen Gesellschaft überschattend. Daß es eigentlich nur den jungen und den alten Brecht gibt, liegt sicher nicht allein daran, daß Brecht die größten Anstrengungen und den stärksten Stilisierungswillen aufbrachte, um das eine Bild in das andere zu verwandeln, daß er also sehr wohl lange Zeit auf die »Verpuppung« verwendet hat. Es liegt vermutlich auch daran, daß Brecht durch die Zeitläufte gezwungen war, die besten Jahre seines Lebens auf der Flucht, in der Emigration zu verbringen, öfter die Länder als die Schuhe wechselnd.
Am 28. Februar 1933, einen Tag nach dem Reichstagsbrand, verließ Brecht mit seiner Familie Deutschland. 1941 notierte er dazu: »Brecht ist Arier, sein Bruder ist heute noch Universitätsprofessor in Deutschland. Brechts Frau, die unter ihrem Mädchennamen Helene Weigel Schauspielerin am Staatstheater und bei Max Reinhardt war, ist dagegen Jüdin; was allein für Brecht ein Grund gewesen wäre, aus Deutschland zu emigrieren. Jedoch gehörte er schon Jahre vor Hitlers Machtantritt zu den Bekämpfern der Nazis, und seine ganze literarische Produktion wäre unter dem Naziregime ganz unmöglich.«[70]
Als Brecht emigrierte, war er fünfunddreißig Jahre alt. Als er am 22. Oktober 1948 mit einem tschechischen Paß über Prag nach Ostberlin zurückkehrte, ein Umweg, der ihm durch die Verweigerung einer Einreisegenehmigung nach Westdeutschland aufgenötigt wurde, war er fünfzig Jahre. Fünfzehn Jahre hatte er in der Tschechoslowakei, in Österreich, in der Schweiz, in Frankreich, in Dänemark, in Schweden, Finnland, in den USA und wieder in der Schweiz zugebracht. Als er zurückkehrte, registrierte er, neben den

Trümmern und dem Elend, bei sich vor allem eine erstaunliche Befremdung: »allenthalben macht sich in dieser großen stadt, in der immer alles in bewegung ist, wie wenig und provisorisch auch immer dies alles geworden sein mag, die neue deutsche misere bemerkbar, daß nichts erledigt ist, wenn schon fast alles kaputt ist.«[71]

Dieser deutschen Misere, deren Ursachen er sehr wohl scharfsichtig sah (daß nämlich der von ihm vertretene Sozialismus von der ungeliebten Besatzungsmacht der Russen gewaltsam eingeführt wurde, eine Hypothek, von der er sich so schnell nicht befreien konnte), ist eine der Ursachen für die zweite Stilisierung Brechts.

Es ist dies das Bild des freundlichen Lehrers, später auch des sich nach Buckow zurückziehenden Weisen, den das Fernöstliche beschäftigt, der Horaz liest und dessen Schlüsselwort »Freundlichkeit« lautet, oder, wie Johannes R. Becher es in seinem Nachruf ausgedrückt hat: »Wer hat das Harte mit solcher Zärtlichkeit ausgesprochen! Wer konnte so hartnäckig und zärtlich sein zugleich! Wer hat Zärtliches gesagt mit solcher Härte!«[72]

Brecht selbst hat diese Vereinigung von Schärfe und Grazie, auf die er sein späteres Schaffen abstimmen wollte, in dem Gedicht »Auf einen chinesischen Theewurzellöwen« so umrissen: »Die Schlechten fürchten deine Klaue./ Die Guten freuen sich deiner Grazie.«[73] Selbstverständnis und Selbststilisierung lassen sich überhaupt am ehesten aus den Selbstbildnissen in der Lyrik ablesen.

Das erste große Selbstporträt, das »Vom armen B. B.«, 1922 geschrieben, hält die heroisch-trotzige Haltung der Vergeblichkeit fest: »Wir wissen, daß wir Vorläufige sind / Und nach uns wird kommen: nichts Nennenswertes.«[74] Für sich selbst spricht der »arme B. B.« nur die zynische Hoffnung aus: »Bei den Erdbeben, die kommen werden, werde ich hoffentlich / Meine Virginia nicht ausgehen lassen durch Bitterkeit / Ich, Bertolt Brecht, in die Asphaltstädte verschlagen / Aus den schwarzen Wäldern in meiner Mutter in früher Zeit.«[75]

Brecht wählt hier in der Stilisierung und persönlichen Apostrophe die Rolle des Villon, der scheinbar ungerührt die Welt einlädt »daß man am Arsch ihm leckte / Wenn er beim Fressen war und es ihm schmeckte«[76], wie es in dem Gedicht »Vom François Villon« heißt. Walter Benjamin, der das Gedicht interpretiert hat, sieht hier in dem »armen B. B.« noch den Nihilisten, der sich der Geschichte nicht in den Weg stellen zu können glaubt, der »vorläufig« ist und nicht »Vorläufer«, da nichts »Nennenswertes« mehr nach ihm kommen kann. Allerdings folgert Benjamin aus Kenntnis der späteren Werke: »Für den, der keinem im Weg steht und auf den es nicht ankommt, kann sich Wesentliches nicht mehr ereignen – es sei denn der Entschluß, sich in den Weg zu stellen und es auf sich ankommen zu lassen. Von diesem Entschluß zeugen die späteren Zyklen. Ihre Sache ist der Klassenkampf. Am besten wird der zu seiner Sache stehn, der den Anfang damit gemacht hat, sich selbst fallen zu lassen.«[77]

In dem Gedichtzyklus »An die Nachgeborenen« aus den Svendborger Gedichten ist diese von Benjamin geschilderte zweite Stufe erreicht, die Rolle gefunden: er weiß, daß er in »finsteren Zeiten« lebt, in denen ein »Gespräch über Bäume fast ein Verbrechen ist«, er hofft von sich, daß die Herrschenden ohne ihn zumindest sicherer gesessen hätten, und er weiß von sich, daß »auch der Haß gegen die Niedrigkeit« die Züge verzerrt, daß auch der Zorn über das Unrecht die Stimme heiser macht. Um der Freundlichkeit den Boden zu bereiten, konnte er selbst nicht freundlich sein.

Hier ist die Rolle des Schriftstellers bestimmt durch die

Zeiten, in denen er lebt, die ihm kein Ausweichen in freundlichere Themen erlauben, ihm nicht die Haltung zubilligen, sich weise aus allem herauszuhalten. Es ist keine angeborene Selbstbestimmung, die ihn zum Schreiben bringt, sondern eine Aufgabe, die ihm von den Notwendigkeiten diktiert wird. Der Schreibende hat eine Funktion im Kampf, er kann sich nicht mehr darauf beschränken, in den Katastrophen seine Zigarre nicht ausgehen zu lassen.

Noch in freundlicheren Zeiten betrachtet er, wie in der selbstverfaßten »Grabinschrift« ausgedrückt, seine Aufgabe als die der Veränderung: er habe Vorschläge gemacht, die angenommen wurden. Ein lernend Lehrender, ein lehrend Lernender, diese Formel findet er, auch für sich, in der »Grabschrift für Gorki«: »Der Lehrer des Volkes / Der vom Volk gelernt hat.«[78]

Im »Lied des Stückeschreibers« von 1935 beschränkt er die Aufgabe des Dichters ganz auf die des Chronisten, allerdings eines Chronisten, der Partei ergreift: er zeigt, wie auf den Menschenmärkten der Mensch gehandelt wird. »Ich zeige«, »ich berichte« heißen die bezeichnenden Verben für seine Aufgabe. Jedoch berichtet der Stückeschreiber nicht nur, sondern versicht das, was er gesehen hat für die Darstellung mit »Kennzeichen«, mit »Zeichen der Vergänglichkeit«, mit der »Jahreszahl«. Und er übergibt alles »dem Staunen«, »selbst das Vertrauteste«.[79]

In den späten Gedichten taucht noch einmal Skepsis auf:

»Und ich dachte immer: die allereinfachsten Worte
Müssen genügen. Wenn ich sage, was ist
Muß jedem das Herz zerfleischt sein.
Daß du untergehst, wenn du dich nicht wehrst
Das wirst du noch einsehen.«[80]

Hier wird Zweifel an der Wirkung laut, an der Aufgabe, an der Absicht nicht. Ein ungeheurer Objektivierungswillen hat, nachdem er einmal erkannt hatte, was die Aufgabe war, sagen können, »was ist«. Er kannte zwar »Schwierigkeiten beim Schreiben der Wahrheit«, aber es waren für ihn Schwierigkeiten, die von außen gegen die Wahrheit verhängt wurden und nicht Schwierigkeiten, die aus der Wahrheit selbst resultierten. Alle Zweifel an der Wahrheit selbst hatte er für sich und für andere beseitigt.
Neben den Gedichten gibt es die direkteste, wenn auch zum Exempel umgeformte Selbstdarstellung Brechts in den »Geschichten vom Herrn Keuner«, die als dialektische Paradestücke gelten, deren Ironie sich allerdings heute nicht frei von Selbstgefälligkeit liest, wenn Herr K. etwa auf die Frage, woran er arbeite, sagt: »Ich habe viel Mühe, ich bereite meinen nächsten Irrtum vor«[81], es andererseits von den »Trägern des Wissens« heißt, sie hätten von allen Tugenden nur eine zu haben, nämlich die, das Wissen zu tragen.[82] Wenn aber das »Wissen tragen« eine so unangreifbare, unbezweifelbare Aufgabe ist, wie die Aufgabe, die Wahrheit zu sagen, dann kommt dem nächsten Irrtum nur die Qualität eines kleinen verzeihlichen Fehlers zu.
In einer der Keuner-Geschichten (»Wenn Herr K. einen Menschen liebte«) verrät Brecht seinen Umgang mit der Wirklichkeit allerdings auf das deutlichste. Auf die Frage, was er täte, wenn er einen Menschen liebe, antwortet Herr K., daß er dann einen Entwurf von diesem Menschen machte, »›und sorge, daß er ihm ähnlich wird‹. ›Wer? Der Entwurf?‹ ›Nein‹, sagte Herr K., ›der Mensch.‹«[83] Die Wahrheit, so heißt es hier auf einmal, ist nicht das, was ist, sondern das, was sein sollte.
Man mag darüber streiten, ob Brecht hier in der Maske des Herrn Keuner dem geliebten Menschen Gewalt oder

Freundlichkeit angedeihen läßt, nicht streiten kann man darüber, daß sein »Entwurf vom Menschen« etwas absolut Verankertes darstellt wie die Wahrheit und das Wissen. Der Dichter, der in einem Gedicht das »Lob des Zweifels« anstimmte, ist oft zum Verzweifeln frei von Zweifeln. Doch auch darauf weiß Herr Keuner eine listige Antwort, bei der die Dialektik sich ähnlich freischwebend bewegt wie die von Brecht bei Thomas Mann mit gutem Grund verabscheute Ironie: »Ich habe bemerkt, sagte Herr Keuner, daß wir viele abschrecken von unserer Lehre dadurch, daß wir auf alles eine Antwort wissen. Könnten wir nicht im Interesse der Propaganda eine Liste der Fragen aufstellen, die uns ganz ungelöst erscheinen?«[84]

Brecht, so muß man hinzufügen, hat diese Liste nicht einmal zum Zweck der Propaganda aufgestellt; er hat lediglich seine gesicherten Antworten listig in Frageform vorgetragen – zumeist in rhetorischer Frageform. Vor diesem Hintergrund des absolut gesicherten Wissens wirkt auch seine Bescheidenheit wie eine Stilisierung: sie ist der schlichte Priesterrock desjenigen, der weiß, daß er im Dienst des Höchsten steht: »Das einzige, was Herr Keuner über den Stil sagte, ist: ›Er sollte zitierbar sein. Ein Zitat ist unpersönlich. Was sind die besten Söhne? Jene, welche den Vater vergessen machen!‹«[85]

Objektivierung, wo man nur hinsieht. Klaus Völker beschreibt dies in seiner Brecht-Biographie in aller Unschuld so: »Brecht schämte sich seiner Gefühle nicht, er verbarg sie auch nicht ausdrücklich, aber er wehrte sich dagegen, seine Arbeit, die darauf abzielte, die Welt häuslich einzurichten, seiner ›Schwachheit‹ zu unterordnen. Er wollte wenigstens ›fest‹ sein in der Kunst, die er machte. Nicht seine Person hatte zu interessieren, sondern sein Werk. Seinen Schülern empfahl er, in der dritten Person zu leben, das heißt, ›ihre jeweiligen Beschäftigungen in einer solchen Form zu notieren, als sei es für eine Biographie, angefertigt für die Klasse, für die sie zu kämpfen vorhatten.«[86]

Brecht hatte also die im Privatleben noch registrierten Schwachheiten und Schwankungen abgetrennt und von der Festigkeit seiner Arbeit zur Seite gerückt. Schreiben war für ihn endgültig zu etwas Objektivem, scheinbar Unpersönlichem geworden, Wissen und Literatur in eins gesetzt; zwischen einem Galilei, der die Gesetze der Himmelskörper beobachtete, und einem Schriftsteller, der aus der Wirklichkeit die Gesetze der Gesellschaft ableitete, bestand kein Unterschied mehr.

Sein Dasein als Stückeschreiber war ein Leben in der dritten Person, nur da aufzeichnenswert, wo es wie eine Äsopsche Fabel einer späteren Nutzanwendung dienlich war. Der Prozeß, der einen aufbrechen ließ, der Literaten und Intellektuelle als eitle und käufliche Tuis dargestellt hatte, war zu einer chinesischen Maskerade erstarrt.

Dabei hatte der Brecht der ausgehenden zwanziger Jahre gegen diese scheinbare Objektivierung in der Literatur protestiert: »Jeder Schriftsteller hat doch Anfechtungen, und es ist besser, sie in das Buch aufzunehmen, als sie zu verscheuchen. Ob es nicht besser gewesen wäre, was den Tintenfleck auf der Wartburg betrifft, wenn Luther die Tinte, statt sie nach dem Teufel zu werfen, dazu benutzt hätte, aufzuschreiben, wie der Teufel bei einer Bibelübersetzung stört.«[87]

Später hat Brecht die Anfechtungen so weit getilgt, daß es nicht einmal mehr Tintenflecke gibt, weil Brecht statt dessen mit ausgestopften Fabel-Elefanten aufwartet: Herrn Keuners Lieblingstier war der Elefant. »Er hat eine dicke Haut, darin zerbrechen die Messer; aber sein Gemüt ist zart.«[88]

# Nachwort – 17 Jahre danach

In seinen im Frühjahr 1995 erschienenen Erinnerungen (vor allem an seine Befreiung in Buchenwald), *Schreiben oder Leben*, setzt sich Jorge Semprun auch mit den drei großen europäischen Dichtern (Lyrikern) auseinander, die ihr Werk der kommunistischen Idee weihten, ja unterordneten: mit Louis Aragon, Rafael Alberti und Bertolt Brecht. Er schreibt: »Was Bertolt Brecht angeht – den ich dank einer jungen Wienerin entdeckt hatte, die den Decknamen Julia trug –, so ist er unbestreitbar der größte der drei: derjenige, der das umfangreichste Register beherrscht hat, von der Elegie bis zum Epos. Er ist auch – paradoxerweise, da er der einzige der drei gewesen sein wird, der kein aktives Mitglied der KP war – derjenige gewesen, der auf beispielhafte Weise die positive Illusion, die Listen und Niederträchtigkeiten jedes marxistischen Intellektuellen zur Zeit der perversen revolutionären Tugend verkörpert.« (Semprun, *Schreiben oder Leben*, aus dem Französischen von Eva Moldenhauer, Suhrkamp, S. 214)
Ein Dichter, dessen politische Unterordnung auch »List«, ja sogar »Niedertracht« produzierte – und doch zitiert Semprun voller Bewegung in Erinnerung an die Buchenwald-Befreiung Verse von Brecht:

O Deutschland, bleiche Mutter!
Wie sitzest du besudelt
Unter den Völkern …

Und während Semprun, den die spanische KP später ausschloß, der sich nach einem schmerzhaften Erkenntnisprozeß vom orthodoxen Marxismus sowjetischer Prägung trennte, diese Verse voller Anteilnahme flüstert, erinnert er sich doch gleichzeitig an »Loblieder« Brechts, »Lob der Partei, Lob der illegalen Arbeit, Lob der Klassiker des Marxismus«, allesamt Gedichte aus der »Maßnahme«, »dem gewaltsamsten, hellsichtigsten – oder zynischsten? – Werk, das je über das totalitäre Wesen des Parteigeistes geschrieben worden ist.« (Semprun, S. 363)
Wegen der »Hellsichtigkeit« hat Brecht sich und uns die »Maßnahme« über seinen Tod hinaus verboten, gewiß nicht wegen ihres Zynismus.
Als ich vor 17 Jahren dieses Buch schrieb, mitten in die Zeit hinein, die Brechts Stücke eher als flammende Weihespiele denn als kritische Gesellschaftsanalysen (zu denen sie sich als immer weniger tauglich erwiesen) auf die Bühnen brachte – das BE war damals ein Bayreuth des marxistischen Theaters inmitten des real-existierenden, real-dahinkümmernden Sozialismus –, verfaßte ich es, um ein ähnliches Dilemma zu benennen, wie es Semprun in seinen Erinnerungen festhält. Dabei ging es mir nicht einmal um »Niedertracht«. Die zu konstatieren, hätte ich, im Unterschied zu dem Widerstandskämpfer und Partisanen Semprun, der für die kommunistische Idee im Kampf gegen die Nazi-Besatzung in Frankreich sein Leben riskiert hatte, auch kein Recht gehabt. Mir ging es vielmehr darum, darauf hinzuweisen, wie ein großer Schriftsteller sein dramatisches Werk dem Kommunismus geopfert, für den zur Heilslehre verkommenen Marxismus ruiniert hat.
Das war damals, wie ich erfahren mußte, ein Sakrileg; es verstieß gegen die *political correctness* des vorherrschenden Linksliberalismus, dem ich mich doch zugehörig fühlte. Es

war die Zeit, in der hochgebildete Leute, die jede Nuance einer Tschechow-Komödie nachempfinden konnten, sich in künstlicher Heiterkeit und gekünstelter Naivität die klassenkämpferischen Albernheiten und Kindereien eines Dario Fo im Subventionstheater zu Gemüte führten: »Da stellen mer uns mal janz dumm«, hatte Paul Henckels in der »Feuerzangenbowle« gesagt und die Dampfmaschine erklärt.

Das Naivstellen und Dummstellen, ein freiwilliger Verzicht zugunsten der Chimäre »Proletariat« als geschichtsbewegende Kraft der Zukunft – auch das war eine Folge des übermächtigen Beispiels Bertolt Brecht.

Mein damaliger Verleger, der wunderbare Helmut Kindler, der mit mir vor Ablieferung des Manuskripts tagelang in Brecht-Fotos gewühlt, sie mit mir ausgesucht hatte, muß jedenfalls ziemlich entsetzt gewesen sein. Er ließ das Buch, nach Lektüre des Textes, dann doch lieber ganz ohne Bilder erscheinen, vielleicht hatte ja der Brecht-Verlag Suhrkamp wirklich auf einmal Schwierigkeiten gemacht – und seien es »nur« Geldforderungen gewesen.

Und Kindler rief nach Erscheinen des Buches, wie mir Jahre später berichtet wurde, Redaktionen an, um meine Kollegen zu bitten, das Buch doch möglichst unbesprochen zu lassen. Nachträglich verstehe ich diese wackere Haltung. Als ich viel später, während des Golfkrieges, als verantwortlicher Redakteur im »Spiegel« einen Essay von Henryk M. Broder gegen die »Pazifisten« abdruckte, schlug mir eine Welle linker Empörung entgegen: So etwas tut man nicht.

Und auch, daß der Marxismus das Stücke-Werk des größten deutschsprachigen Lyrikers ruiniert hat – so etwas sagt und schreibt man nicht.

Inzwischen ist Brecht immer noch der vielgespielte, ja meistgespielte deutsche Autor deutschsprachiger Bühnen, in sei-

nem Berliner Ensemble hat Heiner Müller, kritischer Epigone Brechts, die kritische Denkmalspflege angetreten, die das Theater zu einer Heimstatt der Werke Shakespeares, Brechts und – Müllers machen soll: Man wird sehen.
Nach wie vor gilt, daß die »Dreigroschenoper« (das Werk, das Brecht am wenigsten aus eigenem Antrieb geschrieben und später auch am wenigsten gemocht hat) das Stück Brechts ist, welches das Publikum am meisten liebt – natürlich auch wegen der (inzwischen schmissig gewordenen) genialen Musik Kurt Weills, natürlich auch wegen der stiebitzten Villon-Verse in der Ammer-Übersetzung. Vor allem aber wegen Brecht, der da, wo er nicht lammfromm in der Kutte des marxistischen Mönchs und Scholaren daherkommt, ein genialer Autor war.
Es ist inzwischen, da der real-existierende Sozialismus erst abgewirtschaftet und dann abgedankt hat, wohlfeil, den »Diamat« (dialektischer Materialismus), der zu Brechts Zeiten die herrschende oder besser: offizielle Religion in der DDR und den der Sowjetunion naheliegenden Ländern war, keine Philosophie, sondern eine Weltanschauung zu nennen. Zwei Klo-Graffiti, wie sie Anfang der siebziger Jahre zu entdecken waren, können da als Warnung dienen:

Gott ist tot.
Nietzsche

Und darunter:

Nietzsche ist tot.
Gott

Brecht ist inzwischen so tot wie seine Feinde, die ihn zu Lebens- und Wirkzeiten totsagten. Er ist ein Klassiker, ein toter Autor. Nicht mehr und nicht weniger. Er wird gespielt, gelesen. Damit ich ihn lieben und schätzen kann, muß mir niemand einreden wollen, der »Gute Mensch von Sezuan« sei etwas anderes als ein kitschiges kommunistisches Weihnachtsmärchen.

Hamburg, im Juli 1995 H. K.

# Zitatnachweise

Zitiert wird nach folgenden Quellen, wobei die erste Ziffer jeweils den Band, die zweite die Seitenzahl angibt:

GBA Bertolt Brecht: *Große kommentierte Berliner und Frankfurter Ausgabe* in 30 Bänden (geplant), hrsg. von Werner Hecht, Jan Knopf, Werner Mittenzwei und Klaus-Detlef Müller. Suhrkamp Verlag, Frankfurt a. M. 1988 ff.

GW Bertolt Brecht: *Gesammelte Werke* in 20 Bänden, hrsg. vom Suhrkamp Verlag in Zusammenarbeit mit Elisabeth Hauptmann. Frankfurt a. M. 1967

AJ Bertolt Brecht: *Arbeitsjournal.* 3 Bde., hrsg. von Werner Hecht, Suhrkamp Verlag, Frankfurt a. M. 1973

Tb Bertolt Brecht: *Tagebücher 1920–1922 / Autobiographische Aufzeichnungen 1920–1954.* Hrsg. von Herta Ramthun. Suhrkamp Verlag, Frankfurt a. M. 1975

## Einleitung

1 GBA XXIII, 239 ff.
2 GBA XXIII, 243
3 GBA XXIII, 244
4 GBA XXIII, 244 f.
5 GBA XXIII, 245
6 GBA XXIII, 245

## Die Figuren

1 AJ II, 652
2 GBA XXIII, 241 f.
3 zitiert nach Henning Rischbieter: *Bertolt Brecht.* Bd. I, Velber 1966, S. 29
4 GBA XVIII, 302
5 GBA XVIII, 303
6 GBA XVIII, 304
7 GBA XII, 310
8 Benjamin Henrichs in: »Die Zeit« Nr. 20 vom 7. 5. 1976
9 AJ II, 1012
10 GBA XXIII, 241
11 AJ I, 390
12 GBA I, 60
13 *Baal. Der böse Baal der asoziale. Texte Varianten Materialien.* Frankfurt a. M. 1968, edition suhrkamp 248, S. 98
14 GBA XXVI, 282
15 *Baal. Der böse Baal der asoziale,* a.a.O. S. 191
16 *Baal. Der böse Baal der asoziale,* a.a.O. S. 98
17 *Baal. Der böse Baal der asoziale,* a.a.O. S. 103
18 *Baal. Der böse Baal der asoziale,* a.a.O. S. 105
19 GBA XXVI, 271
20 Klaus Völker: *Bertolt Brecht. Eine Biographie.* München 1976, S. 52
21 *Baal. Der böse Baal der asoziale,* a.a.O. S. 231
22 zitiert nach Klaus Völker, a.a.O. S. 142
23 GBA XXIV, 58
24 GBA XXVI, 436
25 AJ II, 756
26 GBA XXIV, 60
27 GBA XXIV, 60
28 GBA XXIV, 61
29 GBA XXIV, 62
30 GBA XXIV, 61
31 GBA XXIV, 62
32 GBA XXIV, 61

33 vgl. Henning Rischbieter: *Bertolt Brecht.* Bd. I, a.a.O. S. 79
34 vgl. Manfred Wekwerth: *Schriften. Arbeit mit Brecht.* Berlin 1973, S. 197 f.
35 Jan Kott zitiert nach: *Brecht in der Kritik. Rezensionen aller Brecht-Uraufführungen sowie ausgewählter deutsch- und fremdsprachiger Premieren.* Eine Dokumentation von Monika Wyss. Mit einführenden und verbindenden Texten von Helmut Kindler. München 1977, S. 336
36 *Brecht in der Kritik,* a.a.O. S. 336
37 AJ II, 561
38 vgl. Henning Rischbieter: *Bertolt Brecht* I, a.a.O. S. 155
39 GBA V, 274
40 vgl. GBA XXI, 270
41 GBA XXI, 272
42 GBA XXIV, 32
43 GBA XXIV, 40
44 GBA XXIV, 41
45 GBA XXIV, 51
46 GBA XXIV, 286
47 vgl. Klaus Völker: *Brecht-Chronik. Daten zu Leben und Werk.* München 1971, S. 94
48 GBA XXVI, 410
49 GBA XXVI, 411
50 Wolfgang Gersch: *Film bei Brecht.* München 1975, S. 143
51 Klaus Völker: *Bertolt Brecht. Eine Biographie,* a.a.O. S. 312
52 zitiert nach Klaus Völker: *Bertolt Brecht. Eine Biographie,* a.a.O. S. 303
53 zitiert nach Klaus Völker: *Bertolt Brecht. Eine Biographie,* a.a.O. S. 303 f.
54 zitiert nach Klaus Völker: *Bertolt Brecht. Eine Biographie,* a.a.O. S. 304
55 vgl. Klaus Völker: *Bertolt Brecht. Eine Biographie,* a.a.O. S. 308
56 GBA XXVI, 122
57 GBA XXIV, 104 f.
58 zitiert nach *Brecht in der Kritik,* a.a.O. S. 382
59 *Materialien zu »Der kaukasische Kreidekreis«.* Zusammengestellt von Werner Hecht. Frankfurt a. M. 1966, S. 32

60 *Materialien zu »Der kaukasische Kreidekreis«*, a.a.O. S. 33
61 *Materialien zu »Die Mutter«*. Zusammengestellt von Werner Hecht. Frankfurt a. M. 1969, edition suhrkamp 305, S. 22 ff.
62 *Materialien zu »Die Mutter«*, a.a.O. S. 23
63 *Materialien zu »Die Mutter«*, a.a.O. S. 102
64 *Materialien zu »Die Mutter«*, a.a.O. S. 102
65 GBA XVIII, 432
66 GBA XXIV, 274

## Das Theater

1 vgl. Manfred Wekwerth, a.a.O. S. 78
2 GBA XXVI, 350
3 GBA XXVI, 290
4 Walter Benjamin: *Versuche über Brecht*, Frankfurt a. M. 1966, S. 118 f.
5 vgl. Walter Benjamin, a.a.O. S. 118 f.
6 GBA III, 104 f.
7 GBA III, 113
8 GBA III, 116
9 Wolfgang Schivelbusch: *Sozialistisches Drama nach Brecht*. Darmstadt und Neuwied 1974, S. 215
10 *Die Maßnahme. Kritische Ausgabe mit einer Spielanleitung von Reiner Steinweg*, Frankfurt a. M. 1972, edition suhrkamp 415, S. 416
11 *Die Maßnahme. Kritische Ausgabe*, a.a.O. S. 386 f.
12 *Die Maßnahme. Kritische Ausgabe*, a.a.O. S. 391
13 Georg Lukács: *Schriften zur Literatursoziologie*. Neuwied/Berlin 1974, S. 152
14 Klaus Völker: *Bertolt Brecht. Eine Biographie*, a.a.O. S. 164
15 *Die Maßnahme. Kritische Ausgabe*, a.a.O. S. 422
16 *Die Maßnahme. Kritische Ausgabe*, a.a.O. S. 425
17 GBA XIII, 307 f.
18 Tb, S. 222
19 GBA XXI, 209
20 GBA XXII, 110
21 GBA XXII, 479

22 GBA XXIII, 73

22a vgl. aber Detlev Schöttker: *Bertolt Brechts Ästhetik des Naiven.* Stuttgart 1989, S. 3 f., 90 ff., 146 ff.

23 GBA XXIII, 305

24 Ernst Schumacher: *Die dramatischen Versuche Bertolt Brechts von 1918–1933.* Berlin 1976, S. 189

25 GBA XXIV, 78 f.

26 GBA XXII, 279

27 GBA XXI, 283

28 GBA XXII, 110

29 Alfred Polgar: *Ja und Nein. Darstellungen von Darstellungen.* Hrsg. von Wolfgang Drews. Reinbek b. Hamburg 1956, S. 342 f.

30 vgl. GBA XXIV, 80

31 *Die Maßnahme. Kritische Ausgabe,* a.a.O. S. 458

32 Georg Lukács: »Größe und Verfall des Expressionismus«, in: Lukács, Werke Bd. 4, Neuwied/Berlin 1971, S. 147 f.

33 GBA XXVI, 314

34 GBA XXVI, 321

35 GBA XXVI, 318

36 Jan Knopf: *Bertolt Brecht. Ein kritischer Forschungsbericht.* Kronberg 1974, S. 160

37 vgl. Georg Lukács, a.a.O. S. 146

38 Georg Lukács, a.a.O. S. 146 f.

39 Klaus Völker: *Bertolt Brecht. Eine Biographie,* a.a.O. S. 266

40 Herbert Ihering: *Von Reinhardt bis Brecht,* Bd. I. Berlin 1961, S. 283

41 vgl. Klaus Völker: *Bertolt Brecht. Eine Biographie,* a.a.O. S. 269

42 GBA XXVI, 326

43 *Theaterarbeit. 6 Aufführungen des Berliner Ensembles.* Hrsg. v. Berliner Ensemble, Helene Weigel. Dresden 1952 (Lizenzausgabe Progreß-Verlag, Düsseldorf 1955), S. 244

44 Benjamin Henrichs in: »Die Zeit« Nr. 20 vom 7. 5. 1976

45 Wolfgang Schivelbusch: *Sozialistisches Drama nach Brecht,* a.a.O. S. 11

46 Manfred Wekwerth: *Theater und Wissenschaft.* München 1974, S. 19

47 GBA I, 229

48 GBA XXIII, 81
49 GBA XXIII, 82
50 GBA XXII, 211
51 GBA XXII, 641
52 GBA XXII, 521
53 GBA XXII, 522 f.
54 vgl. GBA XXII, 646
55 vgl. GBA XXII, 656
56 GBA XXII, 216
57 vgl. GBA XXII, 219 f.
58 vgl. GBA XXIII, 81
59 GBA XXIV, 212
60 GBA XXIV, 448
61 Käthe Rülicke-Weiler: *Die Dramaturgie Brechts. Theater als Mittel der Veränderung.* Berlin 1966, S. 57
62 Käthe Rülicke-Weiler, ebd. S. 58
63 *Materialien zu »Der kaukasische Kreidekreis«.* Zusammengestellt von Werner Hecht. Frankfurt a. M. 1966, edition suhrkamp 155, S. 60
64 *Materialien zu »Der kaukasische Kreidekreis«*, a.a.O. S. 62
65 *Materialien zu »Der kaukasische Kreidekreis«*, a.a.O. S. 63
66 GBA XXII, 738 f.
67 Fritz Kortner: *Aller Tage Abend.* München 1959, S. 482
68 Fritz Kortner, a.a.O. S. 487
69 *Materialien zu »Der kaukasische Kreidekreis«*, a.a.O. S. 60
70 »Theater heute«, März 1968, S. 29
71 GBA XXIII, 316 f.
72 Martin Walser: *Erfahrungen und Leseerfahrungen.* Frankfurt a. M. 1970, edition suhrkamp 109, S. 80
73 Martin Walser: *Erfahrungen* …, a.a.O. S. 80 f.
74 »Theater heute«, März 1968, S. 28
75 Hans Weigel: *Tausend und eine Premiere. Wiener Theater 1946–61.* Wien 1961, S. 103
76 Friedrich Torberg: *Das fünfte Rad am Thespiskarren. Theaterkritiken.* München 1966, S. 109
77 Heiner Müller, in: »Die Zeit« Nr. 22 vom 24. 5. 1974
78 Friedrich Dürrenmatt: *Theaterprobleme.* Zürich 1955, S. 49 f.

79 zitiert nach Benjamin Henrichs, in: »Die Zeit« Nr. 20 vom 7. 5. 1976
80 Benjamin Henrichs, in: »Die Zeit« Nr. 20 vom 7. 5. 1976
81 GBA XXIV, 18
82 GBA XXI, 77
83 GBA XII, 29/121 f.
84 vgl. GBA XXII, 843
85 vgl. GBA XXII, 844
86 GBA XXIV, 429 f.
87 Manfred Wekwerth: *Schriften. Arbeit mit Brecht.* Berlin 1973, S. 97
88 vgl. GBA XI, 269
89 vgl. GBA XXIV, 413
90 GBA VI, 278
91 GBA VI, 278 f.
92 GBA VI, 440
93 GBA XXIII, 341
94 GBA XXIII, 190
95 GBA XXIV, 402
96 GBA XXIV, 432
97 GBA XXIV, 412 f.
98 Manfred Wekwerth: *Theater und Wissenschaft*, a.a.O. S. 130
99 Manfred Wekwerth: *Theater und Wissenschaft*, a.a.O. S. 141
100 GBA XXI, 104
101 GBA XXIV, 293

## Der Autor

1 vgl. *Die Maßnahme. Kritische Ausgabe*, a.a.O. S. 470
2 vgl. GBA XII, 305 ff.
3 GBA XII, 311
4 GBA XII, 311
5 GBA XII, 308
6 vgl. GBA XV, 270
7 zitiert nach Klaus Völker: *Brecht-Chronik*, a.a.O. S. 146
8 AJ II, 1009

9 AJ II, 1009
10 Klaus Völker: *Brecht-Chronik*, a.a.O. S. 147
11 GBA XV, 294
12 GBA XIV, 426
13 AJ II, 589
14 GBA XXIII, 225
15 GBA XII, 87
16 GBA XXIII, 417
17 AJ II, 567
18 Tb, S. 230
19 GBA XXI, 140
20 GBA XXII, 304
21 GBA XXII, 146
22 Henning Rischbieter: *Brecht I*, a.a.O. S. 126
23 GBA XII, 266/267
24 GBA XXI, 61
25 zitiert nach Klaus Völker: *Bertolt Brecht. Eine Biographie*, a.a.O. S. 108
26 zitiert nach Klaus Völker: *Bertolt Brecht. Eine Biographie*, a.a.O. S. 109
27 AJ II, 643
28 AJ II, 597
29 AJ II, 599
30 AJ II, 602
31 AJ II, 621
32 zitiert nach Klaus Völker: *Bertolt Brecht. Eine Biographie*, a.a.O. S. 184
33 AJ II, 555
34 zitiert nach Klaus Völker: *Brecht-Chronik*, a.a.O. S. 8
35 BBA 2050/10
36 Arnolt Bronnen: *Tage mit Bertolt Brecht. Geschichte einer unvollendeten Freundschaft.* München 1960, S. 14
37 Carl Zuckmayer: *Als wär's ein Stück von mir.* Frankfurt a. M. 1966, S. 375
38 Carl Zuckmayer, a.a.O. S. 377 f.
39 Carl Zuckmayer, a.a.O. S. 379
40 Carl Zuckmayer, a.a.O. S. 381

41 Carl Zuckmayer, a.a.O. S. 382
42 E. J. Aufricht: *Erzähle, damit du dein Recht erweist.* Berlin 1966, S. 64
43 Ernst Josef Aufricht, a.a.O. S. 126
44 Ernst Josef Aufricht, a.a.O. S. 127
45 Marianne Kesting: *Bertolt Brecht in Selbstzeugnissen und Bilddokumenten.* Rowohlt Monographien. Hamburg 1959, S. 7
46 Max Frisch: *Tagebuch 1946–49.* Frankfurt a. M. 1950, S. 287 f.
47 Klaus Völker: *Bertolt Brecht. Eine Biographie,* a.a.O. S. 312
48 vgl. Klaus Theweleit: *Männerphantasien.* Frankfurt a. M. 1977, S. 206
49 GBA XXVI, 211
50 GBA XXVI, 211
51 GBA XXVI, 211
52 Tb, S. 237
53 Tb, S. 237
54 Tb, S. 237 f.
55 GBA XXVI, 212
56 GBA XXVI, 212
57 Klaus Völker: *Bertolt Brecht. Eine Biographie,* a.a.O. S. 144
58 GBA XI, 120
59 GBA XI, 120
60 Marieluise Fleisser: *Avantgarde,* in: Gesammelte Werke, Band III. Frankfurt a. M. 1972, S. 117
61 Marieluise Fleisser, a.a.O. S. 120
62 Marieluise Fleisser, a.a.O. S. 123
63 Marieluise Fleisser, a.a.O. S. 128
64 Marieluise Fleisser: *Erinnerungen an Brecht,* in: Gesammelte Werke, Bd. II, Frankfurt a. M. 1972, S. 308
65 Marieluise Fleisser: *Erinnerungen an Brecht,* a.a.O. S. 307
66 Hans Mayer: *Anmerkungen zu Brecht,* Frankfurt a. M. 1965, edition suhrkamp 143, S. 22
67 Hans Mayer, a.a.O. S. 23
68 GBA XXVI, 282
69 GBA XXVI, 304
70 Tb, S. 229
71 AJ II, 864

72 zitiert nach Klaus Völker: *Bertolt Brecht. Eine Biographie*, a.a.O. S. 409
73 GBA XV, 255
74 GBA XI, 120
75 GBA XI, 120
76 GBA XI, 56
77 Walter Benjamin, a.a.O. S. 65
78 GBA XII, 60
79 vgl. GBA XIV, 298 ff.
80 GBA XV, 295
81 GBA XVIII, 15
82 vgl. GBA XVIII, 14
83 GBA XVIII, 24
84 GBA XVIII, 20
85 GBA XVIII, 29
86 Klaus Völker: *Bertolt Brecht. Eine Biographie*, a.a.O. S. 386
87 GBA XXI, 371
88 GBA XVIII, 25

# Literaturverzeichnis

## 1. Werke

*Werke. Große kommentierte Berliner und Frankfurter Ausgabe.* Hrsg. von Werner Hecht, Jan Knopf, Werner Mittenzwei und Klaus-Detlef Müller. 30 Bde. (geplant). Berlin, Weimar und Frankfurt/Main 1988 ff.

*Gesammelte Werke* in 20 Bänden. Werkausgabe edition suhrkamp. Hrsg. vom Suhrkamp Verlag in Zusammenarbeit mit Elisabeth Hauptmann. Frankfurt a. M. 1967

*Texte für Filme.* Redaktion: Wolfgang Gersch und Werner Hecht. 2 Bde. Frankfurt a. M. 1969

*Arbeitsjournal.* Hrsg. von Werner Hecht. 3 Bde. Frankfurt a. M. 1973

*Tagebücher 1920–1921 / Autobiographische Aufzeichnungen 1920–1954.* Hrsg. von Herta Ramthun. Frankfurt a. M. 1975

*Briefe.* Hrsg. und kommentiert von Günter Glaeser. 2 Bde. Frankfurt/Main 1981

*Materialien zu »Leben des Galilei«.* Zusammengestellt von Werner Hecht. Frankfurt a. M. 1963 (edition suhrkamp 44)

*Materialien zu »Mutter Courage und ihre Kinder«.* Zusammengestellt von Werner Hecht. Frankfurt a. M. 1964 (edition suhrkamp 50)

*Die Antigone des Sophokles. Materialien zur »Antigone«.* Zusammengestellt von Werner Hecht. Frankfurt a. M. 1965 (edition suhrkamp 134)

*Materialien zu »Der kaukasische Kreidekreis«.* Zusammengestellt von Werner Hecht. Frankfurt a. M. 1966 (edition suhrkamp 155)

*Baal. Drei Fassungen.* Kritisch ediert und kommentiert von Dieter Schmidt. Frankfurt a. M. 1966 (edition suhrkamp 170)

*Baal. Der böse Baal der asoziale. Texte, Varianten, Materialien.* Ediert und kommentiert von Dieter Schmidt. Frankfurt a. M. 1968 (edition suhrkamp 248)
*Der Jasager und der Neinsager. Vorlagen, Fassungen, Materialien.* Hrsg. von Peter Szondi. Frankfurt a. M. 1966 (edition suhrkamp 171)
*Leben Eduards des Zweiten von England. Vorlage, Texte und Materialien.* Ediert von Reinhold Grimm. Frankfurt a. M. 1968 (edition suhrkamp 245)
*Materialien zu »Die Mutter«.* Zusammengestellt und redigiert von Werner Hecht. Frankfurt a. M. 1969 (edition suhrkamp 305)
*Die Mutter. Regiebuch der Schaubühnen-Inszenierung.* Hrsg. von Volker Canaris. Frankfurt a. M. 1971 (edition suhrkamp 517)
*Die Maßnahme. Kritische Ausgabe mit einer Spielanleitung von Reiner Steinweg.* Frankfurt a. M. 1972 (edition suhrkamp 415)

## 2. Biographien

Esslin, Martin: *Brecht als Paradox des politischen Dichters.* Frankfurt a. M. 1962
Fuegi, John: *The Life and Lies of Bertolt Brecht.* London 1994
Fassmann, Kurt: *Brecht. Eine Bildbiographie.* München 1958
Hecht, Werner/Bunge, H. J./Rülicke-Weiler, Käthe (Hrsg.): *Bertolt Brecht, Leben und Werk.* Berlin 1969
Hecht, Werner (Hrsg.): *Bertolt Brecht. Sein Leben in Bildern und Texten.* Frankfurt a. M. 1978
Högel, Max: *Bertolt Brecht. Ein Porträt.* Augsburg 1962
Kesting, Marianne: *Bertolt Brecht in Selbstzeugnissen und Bilddokumenten.* Rowohlt Monographien. Hamburg 1959
Lyon, James: *Bertolt Brecht in Amerika.* Frankfurt/Main 1984
Mittenzwei, Werner: *Das Leben des Bertolt Brecht oder der Umgang mit den Welträtseln.* 2 Bde. Frankfurt/Main 1987
Müller, Klaus-Detlef (Hrsg.): *Bertolt Brecht. Epoche, Werk, Wirkung.* Von Jörg-Wilhelm Joost, Klaus-Detlef Müller und Michael Voges. München 1985
Polgar, Alfred: *Ja und Nein. Darstellungen von Darstellungen.* Hrsg. von Wolfgang Drews. Reinbek b. Hamburg 1956

Rischbieter, Henning: *Bertolt Brecht.* I. und II. Velber 1966
Völker, Klaus: *Brecht-Chronik. Daten zu Leben und Werk.* München 1971
Völker, Klaus: *Bertolt Brecht. Eine Biographie.* München 1976
*Erinnerungen an Brecht.* Zusammengestellt von Hubert Witt, Leipzig 1964
Anders, Günther: *Bert Brecht. Gespräche und Erinnerungen.* Zürich 1962
Aufricht, Ernst: *Erzähle, damit du dein Recht erweist.* Berlin 1966
Bronnen, Arnolt: *Tage mit Bertolt Brecht. Geschichte einer unvollendeten Freundschaft.* München 1960
Fleisser, Marieluise: *Gesammelte Werke in 3 Bänden.* Frankfurt a. M. 1972 (Drama »Der Tiefseefisch« Band I, Erzählung »Avantgarde« Band III, »Erinnerungen an Brecht« Band II)
Frisch, Max: *Tagebuch 1946–49.* Frankfurt a. M. 1950
Frisch, Max: *Erinnerungen an Brecht.* In: »Kursbuch«, Heft 7. Frankfurt a. M. 1966
Kortner, Fritz: *Aller Tage Abend.* München 1959
Sternberg, Fritz: *Der Dichter und die Ratio. Erinnerungen an Bertolt Brecht.* Göttingen 1963
Wekwerth, Manfred: *Notate. Über die Arbeit des Berliner Ensembles 1956–1966.* Frankfurt a. M. 1967
Wekwerth, Manfred: *Schriften. Arbeit mit Brecht.* Berlin-Ost 1973
Wekwerth, Manfred: *Theater und Wissenschaft.* München 1974
Zuckmayer, Carl: *Als wär's ein Stück von mir.* Frankfurt a. M. 1966

## 3. Untersuchungen

Adler, Meinhard: *Brecht im Spiel der technischen Zeit.* Berlin 1976
Benjamin, Walter: *Versuche über Brecht.* Frankfurt a. M. 1966
Brüggemann, Heinz: *Literarische Technik und soziale Revolution. Versuche über das Verhältnis von Kunstproduktion, Marxismus und literarischer Tradition in den theoretischen Schriften Bertolt Brechts.* Reinbek 1973
Bunge, Hans: *Fragen Sie mehr über Brecht. Hanns Eisler im Gespräch.* München 1970

Dürrenmatt, Friedrich: *Theaterprobleme.* Zürich 1955
Gersch, Wolfgang: *Film bei Brecht.* München 1975
Grimm, Reinhold: *Bertolt Brecht. Die Struktur seines Werkes.* Nürnberg 1959
Grimm, Reinhold, Jäggi, Willi und Oesch, Hans (Hrsg.): *Sinn oder Unsinn. Das Groteske im modernen Drama bei Adamov, Beckett, Block, Brecht, Chiarelli, Dürrenmatt, Genet, Grass, Ionesco, Pinter, Valentin u. a.* Basel/Stuttgart 1962
Hecht, Werner: *Brechts Weg zum epischen Theater.* Berlin 1962
Hecht, Werner (Hrsg.): *Brecht-Dialog 1968. Politik auf dem Theater.* München 1969
Hinck, Walter: *Die Dramaturgie des späten Brecht.* Göttingen 1960
Jäggi, Willi (Hrsg.): *Das Ärgernis Brecht.* Stuttgart 1961
Kaiser, Joachim: »Brechts ›Maßnahme‹ – und die linke Angst«, in: Neue Rundschau, 84. Jg., Heft 1. Frankfurt a. M. 1973
Klotz, Volker: *Bertolt Brecht. Versuch über das Werk.* Darmstadt 1957
Klotz, Volker: *Dramaturgie des Publikums.* München 1976
Knellessen, Friedrich Wolfgang: *Agitation auf der Bühne. Das politische Theater der Weimarer Republik.* Emsdetten 1970
Knopf, Jan: *Bertolt Brecht. Ein kritischer Forschungsbericht.* Kronberg 1974
Knopf, Jan: *Brecht-Handbuch.* 2 Bde. Stuttgart 1980 und 1984
Lukács, Georg: *Ästhetik* I–IV. Neuwied 1972
Lukács, Georg: *Schriften zur Literatursoziologie.* Neuwied 1961
Lukács, Georg: *Werke* Bd. IV (Essays über Realismus). Neuwied 1971; Bd. 10 (Probleme der Ästhetik) Neuwied 1969
Mayer, Hans: *Bertolt Brecht und die Tradition.* Pfullingen 1961
Mayer, Hans: *Anmerkungen zu Brecht.* Frankfurt a. M. 1965
Mittenzwei, Werner: *Bertolt Brecht. Von der ›Maßnahme‹ zu ›Leben des Galilei‹.* Berlin 1961
Müller, Klaus-Detlef: *Die Funktion der Geschichte im Werk Bertolt Brechts. Studien zum Verhältnis von Marxismus und Ästhetik.* Tübingen 1967
Rülicke-Weiler, Käthe: *Die Dramaturgie Brechts. Theater als Mittel der Veränderung.* Berlin 1966
Schivelbusch, Wolfgang: *Sozialistisches Drama nach Brecht.* Darmstadt und Neuwied 1974

Schöttker, Detlev: *Bertolt Brechts Ästhetik des Naiven.* Stuttgart 1989
Schumacher, Ernst: *Die dramatischen Versuche Bertolt Brechts von 1918–1933.* Berlin 1955
Schumacher, Ernst: *Drama und Geschichte. Bertolt Brechts ›Leben des Galilei‹ und andere Stücke.* Berlin 1965
Schumacher, Ernst und Renate: *Leben Brechts in Wort und Bild.* Henschel-Verlag, Berlin 1978
Steinweg, Reiner: *Das Lehrstück. Brechts Theorie einer politisch- ästhetischen Erziehung.* Stuttgart 1972
Steinweg, Rainer (Hrsg.): *Auf Anregung Bertolt Brechts: Lehrstücke mit Schülern, Arbeitern, Theaterleuten.* Frankfurt a. M. 1978 (edition suhrkamp 929).
Theweleit, Klaus: *Männerphantasien. 1. Frauen, Fluten, Körper, Geschichte.* Frankfurt a. M. 1977
Trommler, Frank: *Sozialistische Literatur in Deutschland.* Stuttgart 1976
Walser, Martin: *Erfahrungen und Leseerfahrungen.* Frankfurt a. M. 1965 (edition suhrkamp 109)
Willett, Joh.: *Das Theater Bertolt Brechts,* Hamburg 1964
Witzmann, Peter: *Antike Tradition im Werk Bertolt Brechts.* Berlin 1964

## 4. Bibliographie

Bohnert, Christiane: *Auswahlbibliographie zu Bertolt Brecht und seinem dramatischen Werk.* In: *Brechts Dramen. Neue Interpretationen.* Hrsg. von Walter Hinderer. Stuttgart 1984, S. 405–445.
Petersen, Klaus-Dietrich: *Bertolt Brecht-Bibliographie.* Bad Homburg, Berlin, Zürich 1968

## 5. Kritiken

Ihering, Herbert: *Von Reinhardt bis Brecht. Vier Jahrzehnte Theater und Film.* 3 Bde. Berlin 1961
Polgar, Alfred: *Ja und Nein. Darstellungen von Darstellungen.* Hamburg 1956

Rühle, Günther: *Theater für die Republik 1917–1933. Im Spiegel der Kritiker.* Frankfurt a. M. 1967

Torberg, Friedrich: *Das fünfte Rad am Thespiskarren. Theaterkritiken.* München 1966

Weigel, Hans: *Tausendundeine Premiere. Wiener Theater 1946–61.* Wien 1961

*Brecht in der Kritik. Rezensionen aller Brecht-Uraufführungen.* Eine Dokumentation von Monika Wyss mit einleitenden und verbindenden Texten von Helmut Kindler. München 1977

# Werkregister

# Namenregister